머리말

　　최근 '국어'가 대학 수학 능력(수능) 시험에서 가장 중요한 과목으로 등장하였습니다. '국어' 공부를 하지 않으면 원하는 대학에 가기 어렵고, 장밋빛 미래를 보장받을 수 없다는 생각을 하기 시작하였습니다. 그렇지만 '국어' 실력을 쌓기 위하여 무엇을, 언제, 어떻게 해야 하는지 아는 사람은 많지 않습니다.

　　'국어' 실력과 국어적 사고력은 짧은 시간 동안 빠르게 향상시킬 수 있는 것이 아닙니다. 그렇기 때문에 엄마 뱃속에 있을 때부터 이야기를 접하고, 태어나면서 그림동화를 비롯하여 여러 분야의 책을 단계적으로 접하여 각 분야의 배경지식을 확장해 나가야 합니다. 그리고 여러 배경지식을 바탕으로 다양한 유형의 글이나 말로 표현해 봄으로써 '국어' 실력을 쌓을 수 있습니다.

　　그러기 위해서 가장 기초적이고 기본적인 것이 제때 한글을 바르게 읽고 쓸 수 있는 능력을 잘 갖추는 것입니다. 『또바기와 모도리의 야무진 한글(또모야)』은 바로 이러한 생각을 바탕으로 편찬한 것입니다. 『또모야』를 통하여 한글을 터득하는 데에는 그리 오래 시간이 걸리지 않을 것입니다. 훈민정음 해례본에서는 '훈민정음(한글)'은 "슬기로운 사람은 하루아침에 배울 수 있고, 어리석은 자도 열흘이면 배울 수 있다."라고 하였습니다. 이 책을 공부하는 사람은 대부분 그러한 경험을 할 수 있을 것입니다.

　　『또모야』는 '4권-15대단원-73소단원'으로 구성되어 있으며, 각 소단원은 '왜 그럴까요→한 걸음, 두 걸음→실력이 쑥쑥→더 나아가기→글씨 쓰기 연습(부록)'으로 심화하였습니다. 한글을 처음 배우는 학습자들이 이 단계를 밟아 가면 한글과 한글 받아쓰기를 쉽게 익힐 수 있습니다. 이뿐만이 아니라 각 소단원에서 제시하고 있는 '원리'나 '규칙'을 이해해 가는 각 과정을 통하여 4차 산업혁명 시대가 요구하는 '국어적 사고력'을 기를 수 있습니다. 나아가 초등학교 교과서에 자주 등장하는 기본 어휘를 큐아르(QR) 코드, 소리, 그림, 만화, 놀이, 게임, 노래, 이야기 등을 통하여 쉽게 익혀, 초등학교 교과 학습에 필요한 국어 실력을 기를 수 있습니다.

　　한글과 한국어는 일상생활과 교과 학습을 위한 기초적이고 기본적인 도구입니다. 한글을 처음 접하는 시기에 쉽고 재미있게 공부하고, 우리 글과 말에 흥미를 갖도록 하는 것은 일상생활에 필요한 의사소통 능력은 물론이고 교과 학습과 전문적인 직업 세계에 요구되는 국어 실력, 국어적 사고 능력을 길러 주는 기반이 됩니다. 『또모야』로 우리 말과 글에 흥미도 가지고 기초적이고 기본적인 국어 능력도 다지시기를 바랍니다.

이병규

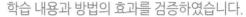

이래서 좋아요

학습 내용과 방법의 효과를 검증하였습니다.
『또모야』에서 구현하고 있는 학습 내용과 방법은 초등학교 1학년 학생들에게 적용하여 그 효과가 탁월하다는 것을 논문으로 검증한 후, 그 결과를 바탕으로 전권을 개발하였습니다.

한글 자음자와 모음자를 쉽게 배울 수 있습니다.
훈민정음 해례본에서는 '훈민정음(한글)'은 "슬기로운 사람은 하루아침에 배울 수 있고, 어리석은 자도 열흘이면 배울 수 있다."라고 했습니다. 그 이유는 상형(象形), 가획(加劃), 합용(合用)의 원리로 훈민정음을 만들었기 때문입니다.
기본 자음자 'ㄱ, ㄴ, ㅁ, ㅅ, ㅇ'과 기본 모음자 'ㆍ, ㅡ, ㅣ'를 '상형'[발음 기관과 천지인(天地人)을 본 땀]의 원리에 따라 만들고, 각각을 가획(획을 더함: ㄴ → ㄷ → ㅌ)과 합용(기본 글자를 서로 더함: ㆍ + ㅣ → ㅓ)'의 원리로 문자를 확장해 갔기 때문에, 이 세 원리를 알면 한글을 쉽게 익힐 수 있습니다.『또모야』1권, 2권에서는 이 세 가지 원리를 초등학생 인지 수준에 맞게 재해석하여 자음자, 모음자를 쉽게 익힐 수 있도록 31단계로 세분하였습니다.

한글 받아쓰기를 쉽게 익힐 수 있습니다.
『또모야』의 2권, 3권, 4권에서는 받아쓰기 학습에서 어려움을 겪는 말들(걸음[거름], 같이[가치], 학교[학꾜])을 익히기 위하여 그 위계를 42단계로 세분하였습니다. 받아쓰기 위계는 학습자의 인지 발달 수준에 맞게 한글 맞춤법을 재해석하여 구성하였습니다. 그리고 그 표기와 일치하지 않는 '표준 발음'을 큐아르(QR) 코드와 연결하여 글자와 발음을 비교하며 익힐 수 있도록 하였습니다. 이런 방식의 교재 구성은『또모야』가 최초라고 할 수 있습니다.

학습 단계가 매우 체계적입니다.
『또모야』는 모두 4권으로 분권되어 있으며, 대단원 15개 단계와 소단원 73개 단계로 체계화되어 있습니다. 각 소단원은 '왜 그럴까요 → 한 걸음, 두 걸음 → 실력이 쑥쑥 → 더 나아가기 → 글씨 쓰기 연습(부록)'으로 구성하여, 학습 내용을 쉬운 것에서 어려운 것으로, 단순한 것에서 복잡한 것으로, 낱말에서 구·문장으로 확장하였습니다.

재미있게 공부할 수 있습니다.

『또모야』는 추상적인 언어적 설명보다 교과서 수준에 버금가는 삽화나, 만화, 게임, 노래, 이야기, 십자풀이, 소리 등을 활용하였습니다. 특히 큐아르(QR) 코드를 활용하여 발음을 직접 듣고, 발음할 때 입모양의 변화를 확인할 수 있습니다.

스토리텔링 기법을 도입하여 흥미 있게 공부할 수 있습니다.

스토리텔링(story-telling) 기법을 도입하여 '모도리'와 '또바기'라는 등장인물을 설정하고 이들이 1권부터 4권까지 학습을 이끌어 가는 과정을 이야기화하여 학습자들이 흥미 있게 공부하고 오랜 시간 집중할 수 있습니다.

초등학생들을 가르친 경험이 풍부한 최고의 전문가들이 만들었습니다.

『또모야』의 저자들은 초등 국어 교육 및 한글 교육의 전문가이며, 초등학교에서 오랫동안 국어와 한글을 가르쳐 온 현장 전문가로, 이론과 교육 현장의 경험을 겸비하고 있습니다.

학습 어휘는 국어·사회·과학 등의 교과서에서 선정하였습니다.

『또모야』에서 사용하고 있는 낱말, 구, 문장 대부분은 초등학교 교과서와 초등학생용 국어사전을 바탕으로 하였습니다. 교과서에 나타나는 어휘를 빈도별로 정리한 국립국어원의 『초등학교 교과서 어휘 빈도 조사』에서 어휘를 선정하고 초등학생용 국어사전과 교차 검토를 한 후, 의미적 난이도와 형태적 난이도를 고려하여 학습 어휘를 위계화하였습니다. 그래서 사회·과학 등 다른 과목 학습을 위한 배경지식도 넓힐 수 있습니다.

원리 학습을 통하여 사고력을 기를 수 있습니다.

『또모야』는 각 단원을 공부해 가는 과정에서 스스로 생각하여 문제를 해결할 수 있도록 구성함으로써, 인공지능(AI)으로 대표되는 4차 산업혁명 시대의 인재가 갖추어야 할 국어적 사고력을 기를 수 있습니다.

전권 내용 보기

단원을 시작하며

13장

'콧소리·흐름 소리' 되기와 쓰기 마법

· 콧소리(ㄴ, ㅁ, ㅇ)로 바뀌어 소리 나는 낱말의 쓰는 방법을 알아봅시다.
· 흐름소리(ㄹ)로 바뀌어 소리 나는 낱말의 쓰는 방법을 알아봅시다.

대단원(15개)의 도입 활동으로, 공부할 내용을 재미있는 이야기와 그림을 통하여 떠올리는 활동입니다.

한 걸음, 두 걸음

실력이 쑥쑥

콧소리로 바뀌어 소리 나요
(학년/항년)

1 받침 ㄱ이 [ㅇ]로 바뀌어 소리 나는 낱말입니다. 따라 써 봅시다.

음식물 [음싱물]   음식물

박물관 [   ]   박물관

국물 [   ]   국물

먹는 [   ]   먹는

14

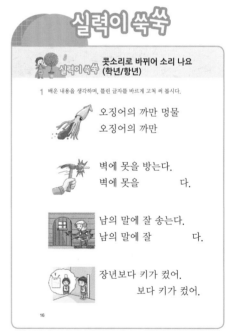

콧소리로 바뀌어 소리 나요
(학년/항년)

1 배운 내용을 생각하며, 틀린 글자를 바르게 고쳐 써 봅시다.

오징어의 까만 명물
오징어의 까만

벽에 못을 방는다.
벽에 못을   다.

남의 말에 잘 송는다.
남의 말에 잘   다.

장년보다 키가 컸어.
      보다 키가 컸어.

16

소단원에서 공부할 받아쓰기 핵심 요소를 그림, 소리와 함께 학습할 수 있습니다. 그리고 글씨 쓰기 공책에 연습할 수 있습니다.

받아쓰기 핵심 요소를 그림, 노래, 이야기와 함께 문맥 속에서 심화 학습을 할 수 있습니다. 그리고 글씨 쓰기 공책에 연습할 수 있습니다.

왜 그럴까요?

소단원(73개) 학습을 위한 도입 활동으로, 소단원의 공부할 문제를 그림이나 만화를 통하여 떠올리고, 받아쓰기 원리를 깨칩니다.

더 나아가기

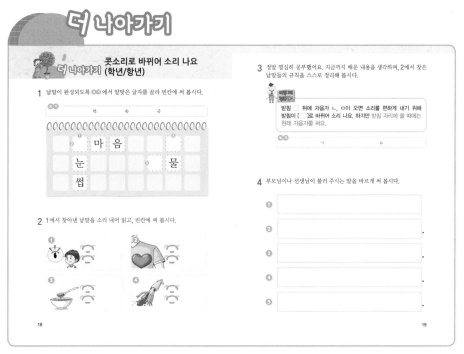

배운 내용을 재미있는 활동으로 정리하고, 선생님이나 부모님이 불러 주는 주요 표현을 받아쓰기 활동을 통하여 보충·심화합니다. 주요 표현은 정답지에 제시합니다. 그리고 글씨 쓰기 공책에 연습할 수 있습니다.

차례

15장   헷갈리는 말과 쓰기 마법

13장

'콧소리·흐름 소리' 되기와 쓰기 마법

- 콧소리(ㄴ, ㅁ, ㅇ)로 바뀌어 소리 나는 낱말의 쓰는 방법을 알아봅시다.
- 흐름소리(ㄹ)로 바뀌어 소리 나는 낱말의 쓰는 방법을 알아봅시다.

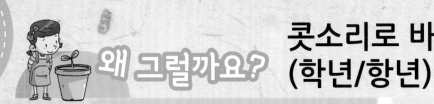

왜 그럴까요?

콧소리로 바뀌어 소리 나요
(학년/항년)

1 모도리가 글자를 지우고 다시 써야 하는 이유가 무엇일지 생각해 봅시다.

새로 산 공책에 학년, 반, 이름을 적어야지.

내가 도와줄게! 몇 학년 몇 반이라고 적어야 돼?

1학년 3반.

1항년 3반

괜히 다시 지워야 하네.

2 소리 내어 읽고, 소리 나는 대로 [   ] 안에 써 봅시다.

학년   [항년]

식물   [   ]

 **생각¹하기** 빨간색 받침은 모두 어떤 자음자입니까?

생각²하기 파란색 글자의 첫 자음자는 무엇입니까?

생각³하기 빨간색 받침은 에서 어떻게 소리 났습니까?

원리가 쏙쏙

받침 □ 뒤에 자음자 ㄴ, ㅁ이 오면 소리를 편하게 내기 위해 받침이 [ㅇ] 소리로 바뀌어 나요.
하지만 받침 자리에 쓸 때에는 원래 자음자를 써요.

글자를 소리 나는 대로만 쓰면 안 돼요.

13

콧소리로 바뀌어 소리 나요 (학년/항년)

1 받침 ㄱ이 [ㅇ]로 바뀌어 소리 나는 낱말입니다. 따라 써 봅시다.

음식물 [음싱물]

박물관 [   ]

국물   [   ]

먹는   [   ]

2 반대말을 바르게 쓴 것을 선으로 이어 봅시다.

첫째 •

• 막내

• 망내

동물 •

• 싱물

• 식물

외국 •

• 국내

• 궁내

실명 •

모도리

• 잉명

• 익명

콧소리로 바뀌어 소리 나요 (학년/항년)

1 배운 내용을 생각하며, 틀린 글자를 바르게 고쳐 써 봅시다.

오징어의 까만 멍물

오징어의 까만 □□

벽에 못을 방는다.

벽에 못을 □□ 다.

남의 말에 잘 송는다.

남의 말에 잘 □□ 다.

장년보다 키가 컸어.

□□ 보다 키가 컸어.

2 틀린 말을  처럼 바르게 고쳐 써 봅시다. 그리고 완성된 문장을 소리 내어 읽어 봅시다.

보기

가족과 <u>싱물원</u>에 왔어요.

가족과 식물원에 왔어요 .

<u>궁물</u>이 매워요.

.

나는 우리 집의 <u>망내</u>예요.

.

<u>방물관</u>에 가고 싶어요.

.

1 낱말이 완성되도록 보기 에서 알맞은 글자를 골라 빈칸에 써 봅시다.

보 기   먹   속   국

2 1에서 찾아낸 낱말을 소리 내어 읽고, 빈칸에 써 봅시다.

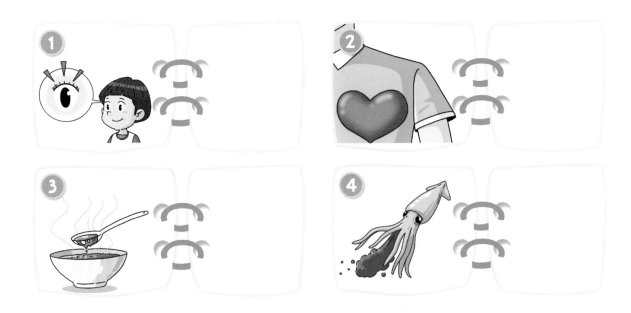

3 정말 열심히 공부했어요. 지금까지 배운 내용을 생각하며, **2**에서 찾은 낱말들의 규칙을 스스로 정리해 봅시다.

이렇게 정리해요

받침 ☐ 뒤에 자음자 ㄴ, ㅁ이 오면 소리를 편하게 내기 위해 받침이 [☐]로 바뀌어 소리 나요. 하지만 받침 자리에 쓸 때에는 원래 자음자를 써요.

보기

ㄱ	ㅇ

4 부모님이나 선생님이 불러 주시는 말을 바르게 써 봅시다.

1

2

　·

3

　·

4

　·

5

　·

57

왜 그럴까요?

콧소리로 바뀌어 소리 나요 (거짓말/거진말)

1 모도리가 또바기에게 한글을 더 열심히 가르쳐 주어야겠다고 다짐한 이유가 무엇일지 생각해 봅시다.

내가 거진 말을 해서

한글을 더 열심히 가르쳐 주어야겠어!

2 소리 내어 읽고, 소리 나는 대로 [   ] 안에 써 봅시다.

거짓말   [거짇말 ⇨ 거진말]

닫는다   [닫는다 ⇨ 단는다]

 생각하기1 빨간색 받침은 모두 어떤 소리로 납니까?

생각하기2 파란색 글자의 첫 자음자는 무엇입니까?

생각하기3 빨간색 받침은 에서 어떻게 소리 났습니까?

 원리가 쏙쏙

받침 ㄷ, ㅅ, ㅈ, ㅊ, ㅌ, ㅆ은 [ㄷ]로 소리 납니다. 받침소리 [□] 뒤에 ㄴ, ㅁ이 오면 소리를 편하게 내기 위해 받침소리가 [□]로 바뀌어 소리 나요.
하지만 받침 자리에 쓸 때에는 원래 자음자를 써요.

21

한 걸음, 두 걸음 콧소리로 바뀌어 소리 나요 (거짓말/거진말)

1 받침소리 [ㄷ]가 [ㄴ]로 바뀌어 소리 나는 낱말입니다. 따라 써 봅시다.

이튿날 [이튼날]

옛날   [   ]

빗물   [   ]

빛나다 [   ]

2 소리 내어 읽고, 바르게 쓴 것에 ○표 해 봅시다.

뚜벅뚜벅 (건는다 / 걷는다).

(거짓말 / 거진말)을 하면 안 돼요.

3 두 그림을 보고, 떠오르는 낱말을 보기 에서 찾아 써 봅시다.

46

보기

끈나다	끗나다	끝나다	끋나다

콧소리로 바뀌어 소리 나요
(거짓말/거진말)

1 틀린 글자를 바르게 고쳐 써 봅시다.

이튿날 아침

아침

반짝반짝 빈나는 별

반짝반짝 | | | | 별
|---|---|---|

재미있는 난말 놀이

재미있는 | | | 놀이
|---|---|

46

빈물이 흘러 강으로

| | | 이 흘러 강으로
|---|---|

46

24

2 이야기를 읽고, 틀린 부분을 찾아 ○표 해 봅시다.

토끼와 거북이

옛날에 토끼가 살았어요. 토끼는 매일 거북이가 느리다고 놀렸어요.

"너는 느릿느릿 건는구나!"

이 말을 듣고 화가 난 거북이는 토끼에게 달리기 시합을 하자고 했어요.

3 2에서 ○표 한 낱말이 들어 있는 문장을 바르게 고쳐 써 봅시다.

① _____ .

② _____ !

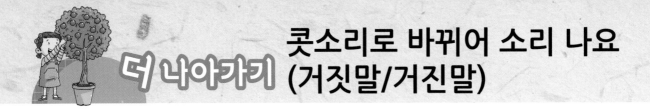

1 사다리를 타고 내려가서 바르게 쓴 낱말과 연결해 봅시다.

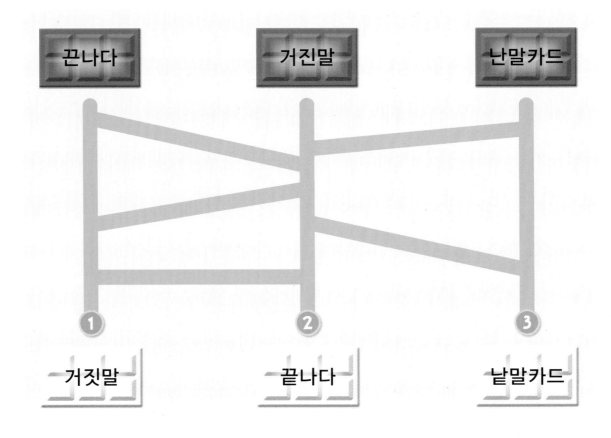

끈나다　　　거진말　　　난말카드

①　　　②　　　③

거짓말　　　끝나다　　　낱말카드

2 1에서 찾아낸 낱말을 소리 내어 읽고, 빈칸에 써 봅시다.

①　　　②　　　③

3 정말 열심히 공부했어요. 지금까지 배운 내용을 생각하며, **2**에서 찾은 낱말들의 규칙을 스스로 정리해 봅시다.

받침소리 [☐] 뒤에 자음자 ㄴ, ㅁ이 오면 소리를 편하게 내기 위해서 받침소리가 [☐]로 바뀌어 소리 나요. 하지만 받침 자리에 쓸 때에는 원래 자음자를 써요.

보기

| ㄴ | ㄷ |

4 부모님이나 선생님이 불러 주시는 말을 바르게 써 봅시다.

① _____ .

② _____

③ _____ .

④ _____

⑤ _____ .

58

왜 그럴까요?

ㄴ 소리로 바뀌어 소리 나요 (쌓는/싼는)

1 또바기가 알려 준 블록 쌓는 방법을 친구가 잘 이해하지 못한 이유를 생각하여 봅시다.

2 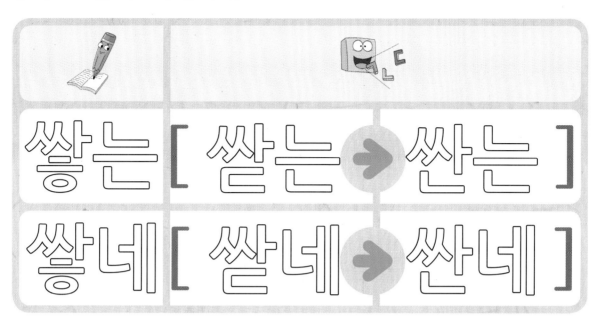와 를 비교해 봅시다.

생각 하기1 과 를 비교하여 양쪽에 똑같이 있는 자음자와 모음자를 색칠하여 봅시다.

생각 하기2 에서 색칠되지 않은 자음자는 무엇입니까?

생각 하기3 에서 색칠되지 않은 자음자는 에서 어떻게 바뀌었습니까?

원리가 쏙쏙

받침 ㅅ, ㅈ, ㅊ, ㅌ, ㅆ은 [ㄷ]로 소리 납니다. 에서 색칠되지 않은 받침 ㅎ도 [ㄷ]로 소리 납니다. 그런데 받침소리 [ㄷ] 뒤에 자음자 ㄴ으로 시작하는 '는, 네, 나'가 오면 소리를 편하게 내기 위해서 받침소리가 [ ]로 바뀌어 소리 나요.

[쌓는]　　　[싿는] ➡ [싼는]

하지만 소리 나는 대로 쓰면 뜻을 전달할 수 없으니, 받침 자리에 쓸 때에는 원래 자음자를 써요.

1 받침 ㅎ이 [ㄴ]로 바뀌어 소리 나는 낱말입니다. 따라 써 봅시다.

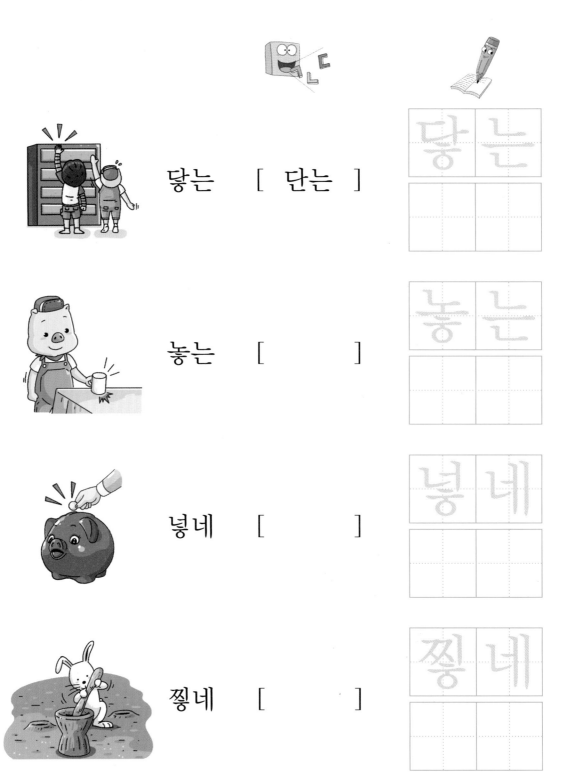

닿는   [단는   ]

놓는   [   ]

넣네   [   ]

찧네   [   ]

2 그림에 맞게 틀린 말을 고쳐 써 봅시다.

쌀을 빠는 기계

↓

쌀을 ⬚⬚ 기계

키가 커서
손이 단나 봐.

↓

키가 커서 손이
⬚⬚ 봐.

1 받침 ㅎ이 [ㄴ]로 바뀌어 소리 나는 낱말입니다. 배운 내용을 생각하며, 틀린 글자를 바르게 고쳐 써 봅시다.

머리를 딴는

머리를 ☐☐

절구에 쌀을 찐는다.

절구에 쌀을 ☐☐ 다.

컵을 식탁 위에 논는다.

컵을 식탁 위에 ☐☐ 다.

저금통에 동전을 넌네.

저금통에 동전을 ☐☐ .

2 틀린 말을  처럼 바르게 고쳐 써 봅시다. 그리고 완성된 문장을 소리 내어 읽어 봅시다.

보 기

아기를 침대에 내려<u>논네</u>.

아기를 침대에 내려놓네 .

 탑을 <u>싼나</u> 봐.

 .

 새는 알을 <u>난는다</u>.

 .

 차에 기름을 <u>넌는다</u>.

 .

1 를 따라 읽어 보고, 빈칸에 알맞은 자음자를 써 봅시다.

① [싼네] ➡ 싼 네

② [넌는다] ➡ 너 는 다

2 **1**에서 찾아낸 낱말을 소리 내어 읽고, 빈칸에 써 봅시다.

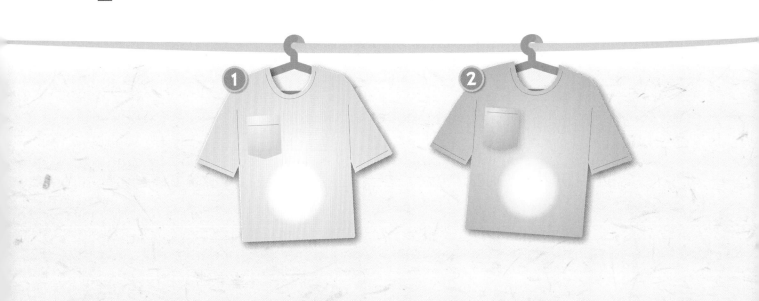

3 정말 열심히 공부했어요. 지금까지 배운 내용을 생각하며, **2**에서 찾은 낱말들의 규칙을 스스로 정리해 봅시다.

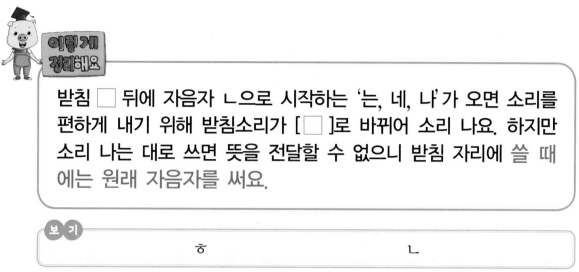

받침 ☐ 뒤에 자음자 ㄴ으로 시작하는 '는, 네, 나'가 오면 소리를 편하게 내기 위해 받침소리가 [☐]로 바뀌어 소리 나요. 하지만 소리 나는 대로 쓰면 뜻을 전달할 수 없으니 받침 자리에 쓸 때에는 원래 자음자를 써요.

보기

ㅎ   ㄴ

4 부모님이나 선생님이 불러 주시는 말을 바르게 써 봅시다.

① ·

② ·

③ ·

④ ·

⑤ ·

59

콧소리로 바뀌어 소리 나요
(밥물/밤물)

1 모도리와 또바기가 생각하는 것이 다른 이유가 무엇일지 생각해 봅시다.

엄마가 안 계시니까 우리끼리 밥을 해 볼까?

좋아!

내가 요리책에 써 있는 대로 읽어 줄 게. 그대로 해 봐.

응.

[밤물]을 3컵 넣는다.

뭐? 밤물?

2 소리 내어 읽고, 소리 나는 대로 [　　　] 안에 써 봅시다.

밥물　　[　밥물 ⇨ 밤물　]

앞마당　　[압마당 ⇨ 암마당]

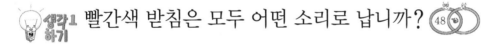 생각1 빨간색 받침은 모두 어떤 소리로 납니까?

생각2 파란색 글자의 첫 자음자는 무엇입니까?

생각3 빨간색 받침은 　 에서 어떻게 소리 났습니까?

받침 ㅂ, ㅍ은 [ㅂ]로 소리 납니다.　　받침소리 [□] 뒤에 자음자 ㄴ, ㅁ이 오면 소리를 편하게 내기 위해서 받침소리가 [□]로 바뀌어 소리 나요.
하지만 **받침** 자리에 쓸 때에는 원래 자음자를 써요.

글자를 소리 나는 대로만 쓰면 뜻이 달라지기도 하니까 바르게 써야 해요.

37

1 받침소리 [ㅂ]가 [ㅁ]로 바뀌어 소리 나는 낱말입니다. 따라 써 봅시다.

앞마당 [암마당]

앞마당

웁니다 [   ]

웁니다

접는다 [   ]

접는다

입맛 [   ]

입맛

2 소리 내어 읽고, 바르게 쓴 것을 선으로 이어 봅시다.

● 밤맛이 좋다.

● 밥맛이 좋다.

● 입냄새가 나는

● 임냄새가 나는

● 파리를 잡는다.

● 파리를 잡는다.

● 껌을 씸는다.

● 껌을 씹는다.

1 배운 내용을 생각하며, 틀린 글자를 바르게 고쳐 써 봅시다.

밤만 먹어요.

| | | 먹어요.

쓰레기를 줍는 사람

쓰레기를 | | | 사람

암마당에 꽃이 피었어요.

| | | | 에 꽃이 피었어요.

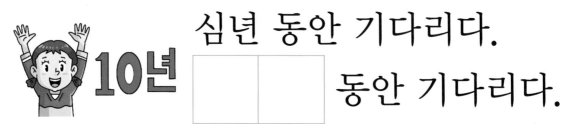

심년 동안 기다리다.

| | | 동안 기다리다.

2 틀린 말을  처럼 바르게 고쳐 써 봅시다. 그리고 완성된 문장을
소리 내어 읽어 봅시다.

보기

친구와 게임을
합니다.

친구와 게임을 합니다

.

 학교에 <u>감니다</u>.

.

 오늘은 날씨가 <u>춤네요</u>.

.

 <u>검먹은</u> 사슴이 숨는다.

.

1 그림에 알맞은 문장이 되도록 빈칸을 채워 봅시다.

흰머리를 ☐☐ 다.

아빠가 고기를 ☐☐ 다.

2 정말 열심히 공부했어요. 지금까지 배운 내용을 생각하며, **1**에서 찾은 낱말들의 규칙을 스스로 정리해 봅시다.

받침소리 [□] 뒤에 ㄴ, ㅁ이 오면 소리를 편하게 내기 위해서 받침소리가 [□]로 바뀌어 소리 나요. 하지만 받침 자리에 쓸 때에는 원래 (   )를 써요.

보기

| ㅁ | 자음자 | ㅂ |

3 부모님이나 선생님이 불러 주시는 말을 바르게 써 봅시다.

1

2

3

4

5

60

콧소리로 바뀌어 소리 나요 (음료수/음뇨수)

왜 그럴까요?

1 또바기가 보낸 문자 메시지의 어느 부분을 고쳐야 또바기가 선물을 받게 될지 생각해 봅시다.

엄마 어디예요?

마트야.

엄마 어디예요?

마트야.

음뇨수 사 주세요.

음뇨수 사 주세요.

그래, 근데 방금 보낸 문자에서 틀린 부분 고치면 사 줄게.

2 소리 내어 읽고, 소리 나는 대로 [   ] 안에 써 봅시다.

 음료수   [음뇨수]

 공룡   [   ]

 생각하기1 빨간색 받침은 어떤 자음자입니까?

생각하기2 파란색 글자의 첫 자음자는 무엇입니까?

생각하기3 파란색 글자의 첫 자음자가 에서 어떻게 소리 났습니까?

원리가 쏙쏙

받침 ㅁ, ㅇ 뒤에 자음자 ㄹ이 오면 소리를 편하게 내기 위해서 자음자 ㄹ이 [□]로 바뀌어 소리 나요. 하지만 쓸 때에는 원래 자음자를 써요.

[음료수]와 [음뇨수]를 소리 내어 읽어 보세요. 더 편하게 느껴지는 쪽이 있죠? 하지만 소리 나는 대로 쓰면 안돼요.

콧소리로 바뀌어 소리 나요 (음료수/음뇨수)

1 자음자 ㄹ이 [ㄴ]로 바뀌어 소리 나는 낱말입니다. 따라 써 봅시다.

공룡   [공농   ]

정리   [   ]

대통령   [   ]

이겼다!

승리   [   ]

2 소리 내어 읽고, 바르게 쓴 것에 ◯표 해 봅시다.

적군이 우리나라를 (침략 / 침냑)
한다. ☞ 침략: 정당한 이유 없이 다른 나라에 쳐들어 가는 것

이순신 장군이 (명녕 / 명령)했다.

전쟁에서 (승리 / 승니)했다.

군인이 (경녜 / 경례)한다.

1 배운 내용을 생각하며, 틀린 글자를 바르게 고쳐 써 봅시다.

책상 정니를 해요.

책상 ☐☐ 를 해요.

음뇨수를 마신다.

☐☐☐ 를 마신다.

우리나라의 대통녕

우리나라의 ☐☐☐

경기에서 승니했다.

경기에서 ☐☐ 했다.

2 또바기의 일기를 읽고, 틀린 부분에 ○표 해 봅시다.

20xx년 x월 x일 x요일   날씨:

제목: 신기한 꿈

꿈속에서 공뇽을 보았다. 그중에 티라노사우루스와 친구가 되었다.

나는 티라노사우루스 등에 타고 달렸다.

음뇨수도 마셨다. 옷에 쏟는 바람에 잠에서 깼다. 또 꿈을 꾸고 싶었다.

3 **2**에서 ○표 한 낱말이 들어 있는 문장을 바르게 고쳐 써 봅시다.

①

②

콧소리로 바뀌어 소리 나요 (음료수/음뇨수)

1 ❶, ❷를 읽고, '나'는 무엇인지 보기 에서 골라 빈칸에 써 봅시다.

나는 무엇일까요?

❶ 나는 아주 오래 전 사람들이 지구에 살기 전에 지구에서 살다가 사라졌어요.

❷ 티라노사우루스, 브라키오사우루스 등이 유명해요.

보기

공눙	공용	공룡

2 정말 열심히 공부했어요. 지금까지 배운 내용을 생각하며, **1**에서 찾은 낱말들의 규칙을 스스로 정리해 봅시다.

이렇게 정리해요

> 받침 ㅁ, ㅇ 뒤에 자음자 ☐이 오면 소리를 편하게 내기 위해서 자음자 ㄹ이 [☐]로 바뀌어 소리 나요. 하지만 쓸 때에는 원래 자음자를 써요.

보기

| ㄴ | ㄹ |

3 부모님이나 선생님이 불러 주시는 말을 바르게 써 봅시다.

①

②
                                                                      •

③
                                                                      •

④
                                                                      •

⑤
                                                                      •

왜 그럴까요?

흐름소리로 바뀌어 소리 나요
(줄넘기/줄럼끼)

1 또바기가 세운 생활 계획표에서 고쳐야 할 낱말이 무엇인지 생각해 봅시다.

앞으로는 생활 계획표대로 꼭 실천할 거야!

2 소리 내어 읽고, 소리 나는 대로 [   ] 안에 써 봅시다.

줄넘기　[줄럼끼]

설날　　[　　]

생각하기1 빨간색 받침은 어떤 자음자입니까?

생각하기2 파란색 글자의 첫 자음자는 무엇입니까?

생각하기3 파란색 글자의 첫 자음자가 어떻게 소리 났습니까?

원리가 쑥쑥

자음자 ㄴ 앞이나 뒤에 자음자 ㄹ이 오면 소리를 편하게 내기 위해서 자음자 ㄴ이 [□]로 바뀌어 소리 나요. 하지만 쓸 때에는 원래 자음자를 써요!

[설날]과 [설랄]을 소리 내어 보세요. 더 부드럽게 소리 나는 것처럼 느껴지는 쪽이 있죠? 하지만 쓸 때에는 소리 나는 대로 쓰면 안돼요.

흐름소리로 바뀌어 소리 나요 (줄넘기/줄럼끼)

한 걸음, 두 걸음

1 ㄴ이 [ㄹ]로 바뀌어 소리 나는 낱말입니다. 따라 써 봅시다.

설날 [설랄]

설	날

실눈 [   ]

실	눈

실내화 [   ]

실	내	화

연락해 [   ]

연	락	해

2 소리 내어 읽고, 바르게 쓴 것에 ◯표 해 봅시다.

(물놀이 / 물로리)하러 가요.

(월래 / 원래) 작았는데 컸어요.

3 소리 나는 대로 써서 틀린 낱말입니다. 바르게 쓴 낱말을 (보기)에서 찾아 써 봅시다.

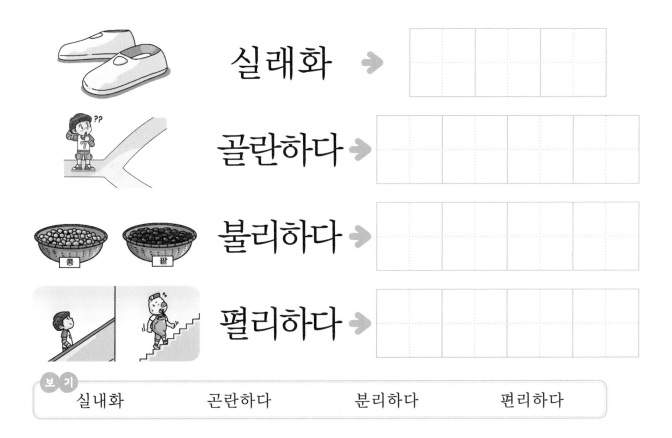

실래화 ➡

골란하다 ➡

불리하다 ➡

펼리하다 ➡

보기

실내화   곤란하다   분리하다   편리하다

1 배운 내용을 생각하며, 틀린 글자를 바르게 고쳐 써 봅시다.

폴짝폴짝 줄럼끼

폴짝폴짝 ☐☐☐

지독한 발램새

지독한 ☐☐☐

물랄리가 났다.

☐☐☐ 가 났다.

이따가 열락해.

이따가 ☐☐☐ .

2 「콩쥐팥쥐」 이야기의 일부입니다. 이야기를 읽고, 틀린 부분에 ◯표 해 봅시다.

팥쥐와 팥쥐 엄마는 콩쥐에게 할 일을 잔뜩 주고 잔치에 갔어요. 산더미처럼 쌓여 있는 콩과 팥을 가리키며 팥쥐가 말했어요.

"콩과 팥을 불리해."

이번에는 팥쥐 엄마가 말했어요.

"우리가 돌아올 때까지 다 해 놓으렴!"

이 말을 들은 콩쥐는 슬퍼하며 말했어요.

"혼자 하기에는 골란해요."

3 2에서 ◯표 한 말이 들어 있는 문장을 바르게 고쳐 써 봅시다.

① [   ] •

② [   ] •

더 나아가기 흐름소리로 바뀌어 소리 나요 (줄넘기/줄럼끼)

1 옛날과 비교하여 오늘날의 생활이 어떻게 변화하였는지 보기 에서 골라 빈칸에 써 봅시다.

옛날

오늘날

보기

펼리　　　　펀리

2 정말 열심히 공부했어요. 지금까지 배운 내용을 생각하며, **1**에서 찾은 낱말들의 규칙을 스스로 정리해 봅시다.

> 자음자 ㄴ 앞이나 뒤에 자음자 ㄹ이 오면 소리를 편하게 내기 위해서 자음자 ☐이 [☐]로 바뀌어 소리 나요. 하지만 쓸 때에는 원래 자음자를 써요.

보기

| ㄹ | ㄴ |

3 부모님이나 선생님이 불러 주시는 말을 바르게 써 봅시다.

①

②

③   •

④   •

⑤   •

14장

'겹받침 소리'의 변신과 쓰기 마법

· 겹받침이 있는 낱말을 읽는 방법과 쓰는 방법을 알아봅시다.

왜 그럴까요?

겹받침의 앞 자음자가 소리 나요(앉는다/안는다)

1 또바기가 본 낱말을 어떻게 읽어야 하는지 생각해 봅시다.

앗! 이런 글자도 있어?

응, 자음자 두 개가 모여 받침이 된 것을 '겹받침'이라고 해.

그렇구나, 겹받침은 어떻게 소리를 내지?

2 낱말의 소리를 듣고 [　　　] 안에 쓴 뒤, 따라 읽어 봅시다. 그리고 나서 받침 자리에서 소리 나는 자음자에 ○표 해 봅시다.

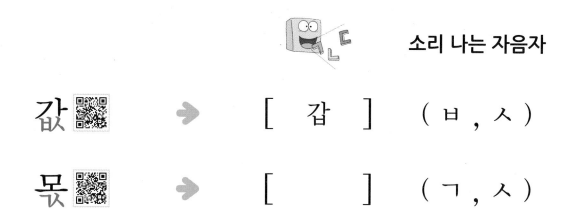

소리 나는 자음자

값 ➡ [갑] （ㅂ , ㅅ）

목 ➡ [　] （ㄱ , ㅅ）

생각 하기1 겹받침은 받침 자리에서 앞과 뒤의 자음자가 둘 다 소리 날까요? 하나만 소리 날까요?

생각 하기2 받침 자리에서 겹받침의 앞과 뒤의 자음자 중 어느 쪽 자음자로 소리 납니까?

원리가 쏙쏙

서로 다른 자음자 두 개가 받침 자리에 쓰인 것을 '겹받침'이라고 합니다. 겹받침은 두 자음자 중 하나만 소리 나요. '값'에서 겹받침 ㅄ은 ㅂ과 ㅅ 중에 앞에 있는 [□]가 소리 나요. 이렇게 겹받침 중에는 앞 자음자가 소리 나는 것이 있어요. 하지만 쓸 때에는 겹받침 두 개의 자음자를 모두 써요.

1 소리 내어 따라 읽고, 받침소리가 되는 자음자에 ○표 해 봅시다. 그리고 나서 따라 써 봅시다.

소리 나는 자음자

 값   (ㅂ , ㅅ)

 몫   (ㄱ , ㅅ)

 넋   (ㄱ , ㅅ)

💡생각하기1 겹받침의 앞과 뒤 자음자 중 어느 것이 소리 났는지 알맞은 쪽에 ○표 해 봅시다.

(앞 , 뒤)

💡생각하기2 앞의 받침으로 소리 나는 겹받침에 무엇이 있는지, 알게 된 겹받침을 ( ) 안에 써 봅시다.

( )

2 소리 내어 따라 읽고, 받침소리가 되는 자음자에 ○표 해 봅시다. 그러고 나서 따라 써 봅시다.

소리 나는 자음자

앉지 (ㄴ , ㅈ)

엉기 (ㄴ , ㅈ)

핥고 (ㄹ , ㅌ)

훑다 (ㄹ , ㅌ)

앉지

엊기

핥고

훑다

생각하기1 겹받침의 앞과 뒤 자음자 중 어느 것이 소리 났는지 알맞은 쪽에 ○표 해 봅시다. (앞 , 뒤)

생각하기2 앞의 받침으로 소리 나는 겹받침에 무엇이 있는지, 알게 된 겹받침을 ( ) 안에 써 봅시다. ( )

3 소리 내어 따라 읽고, 받침소리가 되는 자음자에 ○표 해 봅시다. 그러고 나서 따라 써 봅시다.

소리 나는 자음자

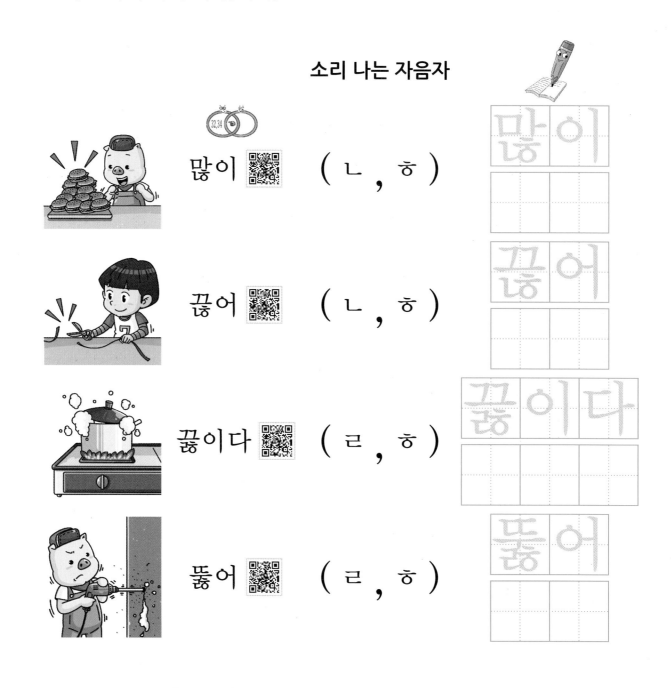

많이 (ㄴ , ㅎ)

끊어 (ㄴ , ㅎ)

끓이다 (ㄹ , ㅎ)

뚫어 (ㄹ , ㅎ)

생각하기1 겹받침의 앞과 뒤 자음자 중 어느 것이 소리 났는지 알맞은 쪽에 ○표 해 봅시다. (앞 , 뒤)

생각하기2 앞의 받침으로 소리 나는 겹받침에 무엇이 있는지, 알게 된 겹받침을 (   ) 안에 써 봅시다. (   )

4 소리 내어 따라 읽고, 받침소리가 되는 자음자에 ○표 해 봅시다.
그러고 나서 따라 써 봅시다.

소리 나는 자음자

많다　(ㄴ , ㅎ)　　많다

않다　(ㄴ , ㅎ)　　않다

꿇고　(ㄹ , ㅎ)　　꿇고

닳고　(ㄹ , ㅎ)　　닳고

생각1 겹받침의 앞과 뒤 자음자 중 어느 것이 소리 났는지 알맞은 쪽에
하기 ○표 해 봅시다.　　　　　　　　　　(앞 , 뒤)

생각2 앞의 받침으로 소리 나는 겹받침에 무엇이 있는지, 알게 된
하기 겹받침을 ( ) 안에 써 봅시다.　(　　　　　　)

겹받침의 앞 자음자가 소리 나요(앉는다/안는다)

1 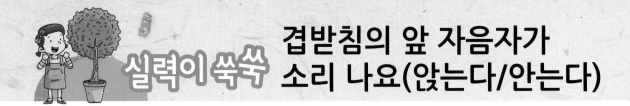 한 걸음, 두 걸음을 다시 살펴보고, 받침 자리에서 앞 자음자가 소리 나는 겹받침에는 무엇이 있는지 정리해 봅시다.

겹받침	소리 나는 자음자	겹받침	소리 나는 자음자
	ㅂ , ㅅ		ㄹ , ㅌ
	ㄱ , ㅅ		ㄴ , ㅎ
	ㄴ , ㅈ		ㄹ , ㅎ

2 그림에 알맞은 말이 되도록 빈칸에 겹받침을 써 봅시다.

| 내 | | 모 |

| 과 | 일 | 가 |

| 아 | 고 |

| 재 | 미 | 어 | 다 |

3 배운 내용을 생각하며, 틀린 글자를 바르게 고쳐 써 봅시다.

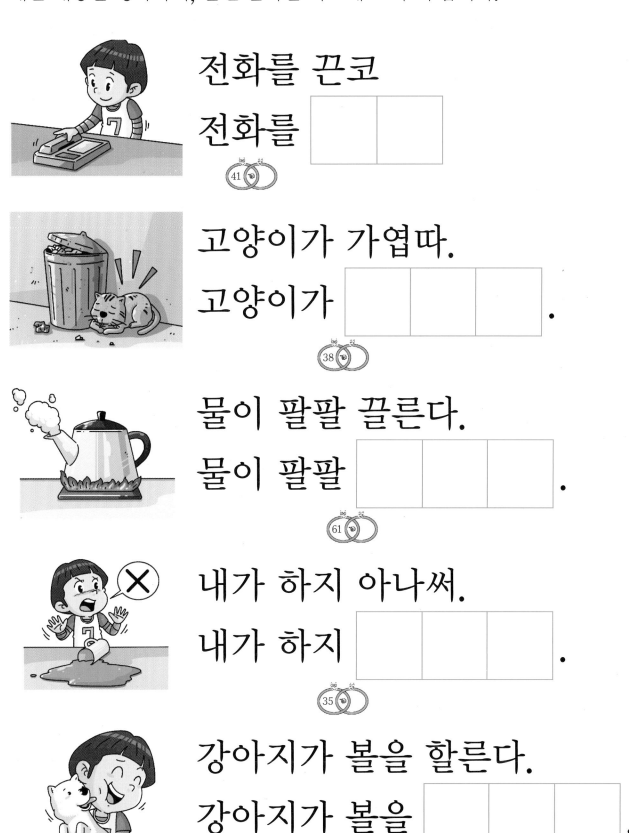

전화를 끈코

전화를 ☐☐

고양이가 가엽따.

고양이가 ☐☐☐ .

물이 팔팔 끌른다.

물이 팔팔 ☐☐☐ .

내가 하지 아나써.

내가 하지 ☐☐☐ .

강아지가 볼을 할른다.

강아지가 볼을 ☐☐☐ .

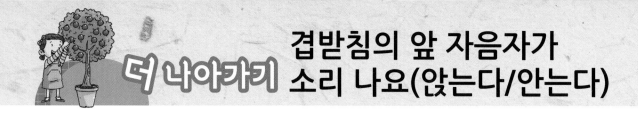

1 글자 카드로 낱말을 만들어 빈칸에 바르게 써 봅시다. 완성된 낱말을 소리 내어 읽고, 받침이 어느 자음자로 소리 나는지 써 봅시다.

① 앉 앉 다

② 끓 다 는

③ 삯 뱃

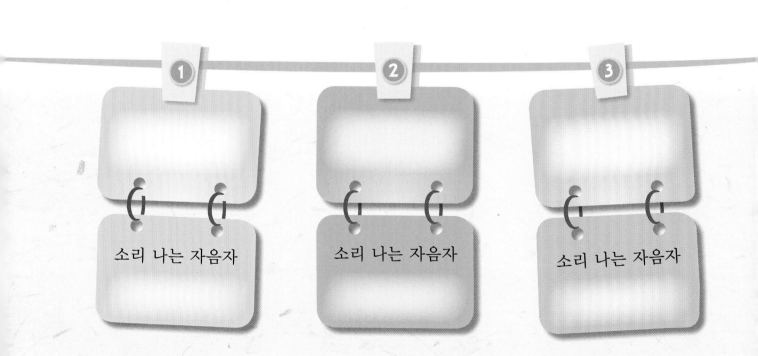

① 소리 나는 자음자

② 소리 나는 자음자

③ 소리 나는 자음자

2 정말 열심히 공부했어요. 지금까지 배운 내용을 생각하며, **1**에서 찾은 낱말들의 규칙을 스스로 정리해 봅시다.

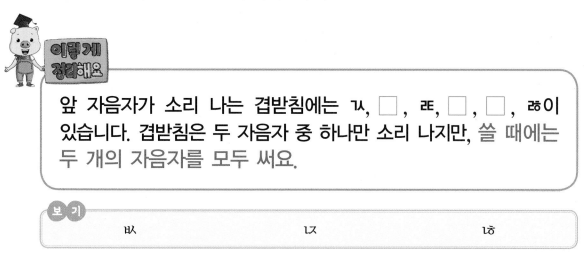

앞 자음자가 소리 나는 겹받침에는 ㄳ, ☐, ㄼ, ☐, ☐, ㅀ이 있습니다. 겹받침은 두 자음자 중 하나만 소리 나지만, 쓸 때에는 두 개의 자음자를 모두 써요.

보기

ㅄ   ㄵ   ㄶ

3 부모님이나 선생님이 불러 주시는 말을 바르게 써 봅시다.

①

②

③

④

⑤

왜 그럴까요?

겹받침의 뒤 자음자가 소리 나요(닮는다/담는다)

또바기가 본 낱말을 어떻게 읽어야 할지 생각해 봅시다.

2 낱말의 소리를 듣고, 따라 읽어 봅시다. 그러고 나서 받침 자리에서 소리 나는 자음자에 ◯표 해 봅시다.

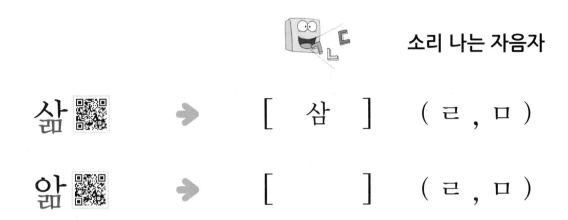

소리 나는 자음자

삶 ➡ [삼] (ㄹ , ㅁ)

앎 ➡ [　　] (ㄹ , ㅁ)

💡생각하기1 겹받침은 받침 자리에서 앞과 뒤의 자음자가 둘 다 소리 날까요? 하나만 소리 날까요?

💡생각하기2 받침 자리에서 겹받침의 앞과 뒤의 자음자 중 어느 쪽 자음자로 소리 납니까?

원리가 쏙쏙

'삶'에서 겹받침 ㄼ은 [　]로 소리 나요. 이렇게 겹받침 중에는 뒤 자음자가 소리 나는 것이 있어요. 하지만 쓸 때에는 겹받침 두 개의 자음자를 모두 써요.

1 소리 내어 따라 읽고, 받침소리가 되는 자음자에 ○표 해 봅시다.
그리고 나서 따라 써 봅시다.

소리 나는 자음자

 삶 (ㄹ , ㅁ) 삶 ☐

 앎 (ㄹ , ㅁ) 앎 ☐

생각하기1 겹받침의 앞과 뒤 자음자 중 어느 것이 소리 났는지 알맞은 쪽에
○표 해 봅시다. (앞 , 뒤)

생각하기2 뒤의 받침으로 소리 나는 겹받침에 무엇이 있는지, 알게 된
겹받침을 ( ) 안에 써 봅시다. ( )

'삶'은 '하루하루 살아가는 일'을 뜻해요.

'앎'은 '무엇을 알고 있는 것'을 뜻해요.

2 소리 내어 따라 읽고, 받침소리가 되는 자음자에 ○표 해 봅시다.
그러고 나서 따라 써 봅시다.

소리 나는 자음자

닭다 (ㄹ , ㅁ)

젊다 (ㄹ , ㅁ)

굶지 (ㄹ , ㅁ)

읊다 (ㄹ , ㅍ)

닭다

젊다

굶지

읊다

생각하기1 겹받침의 앞과 뒤 자음자 중 어느 것이 소리 났는지 알맞은 쪽에
○표 해 봅시다.   (앞 , 뒤)

생각하기2 뒤의 받침으로 소리 나는 겹받침에 무엇이 있는지, 알게 된
겹받침을 ( ) 안에 써 봅시다.   ( )

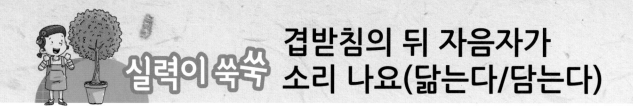
1 한걸음, 두걸음을 다시 살펴보고, 받침 자리에서 뒤 자음자가 소리 나는 겹받침에는 무엇이 있는지 정리해 봅시다.

겹받침	소리 나는 자음자	겹받침	소리 나는 자음자
	ㄹ , ㅁ		ㄹ , ㅍ

2 그림에 알맞은 말이 되도록 빈칸에 겹받침을 써 봅시다.

사 다

오 기 다

아 고

으 조 리 다

76

3 배운 내용을 생각하며, 틀린 글자를 바르게 고쳐 써 봅시다.

아침밥을 굼따.

아침밥을 ⬜⬜ .

달걀을 삼는다.

달걀을 ⬜⬜⬜ .

시를 읍꼬

시를 ⬜⬜

나이가 점꼬

나이가 ⬜⬜

감기가 옴따.

감기가 ⬜⬜ .

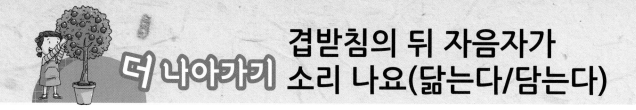
1 글자 카드로 낱말을 만들어 빈칸에 바르게 써 봅시다. 완성된 낱말을 소리 내어 읽고, 받침이 어느 자음자로 소리 나는지 써 봅시다.

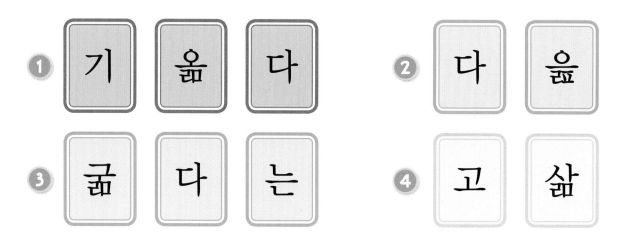

① 기   옮   다   ② 다   읊

③ 굶   다   는   ④ 고   삶

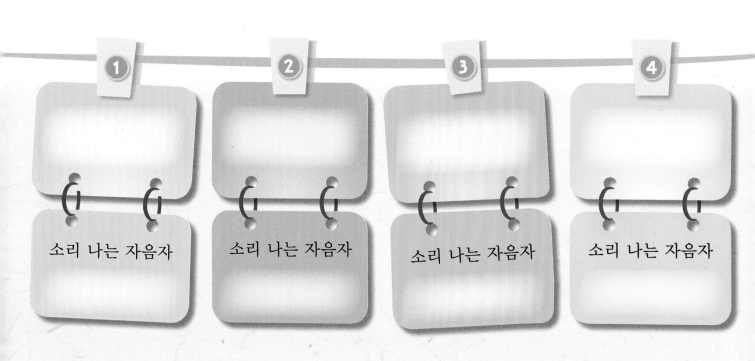

① 소리 나는 자음자

② 소리 나는 자음자

③ 소리 나는 자음자

④ 소리 나는 자음자

2 정말 열심히 공부했어요. 지금까지 배운 내용을 생각하며 **1**에서 찾은 낱말들의 규칙을 스스로 정리해 봅시다.

이렇게 정리해요

(   ) 자음자가 소리 나는 겹받침에는 □, ㄿ이 있습니다. 겹받침은 두 자음자 중 하나만 소리 나지만, 쓸 때에는 두 개의 자음자를 모두 써요.

보기

ㄼ	뒤

3 부모님이나 선생님이 불러 주시는 말을 바르게 써 봅시다.

①

②

③

④

⑤

64

왜 그럴까요? 겹받침이 넘어 가요(앉아/안자)

1 또바기의 답장을 받고 엄마가 어리둥절해한 이유가 무엇일지 생각해 봅시다.

2 처음에는 한 글자씩 읽고, 다음에는 이어 읽어 봅시다. 그러고 나서 소리 나는 대로 [   ] 안에 써 봅시다.

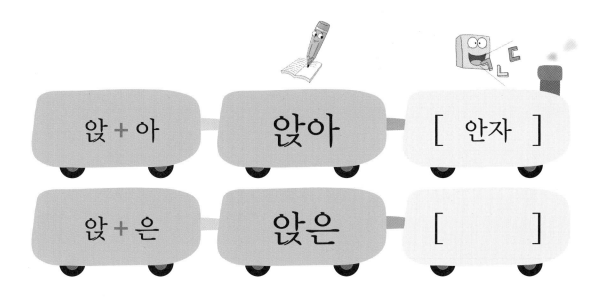

 생각 하기1 ✏과 📺 을 비교해 봅시다. 어떤 자음자가 사라졌습니까?

생각 하기2 ✏과 📺 을 비교해 봅시다. 어떤 자음자의 위치가 달라졌습니까?

원리가 쏙쏙

'앉아요'의 ㄵ처럼 겹받침 바로 뒤에 ㅇ이 오면 겹받침의 뒤 자음자가 ㅇ의 자리로 옮겨 가서 소리 나요.

앉아   가까우니깐 내가 갈게.   [안자]

하지만 쓸 때에는 받침을 원래 자리에 써요.

1 소리 내어 읽고, 위치가 달라지는 자음자를 찾아 ○표 해 봅시다. 그러고 나서 따라 써 봅시다.

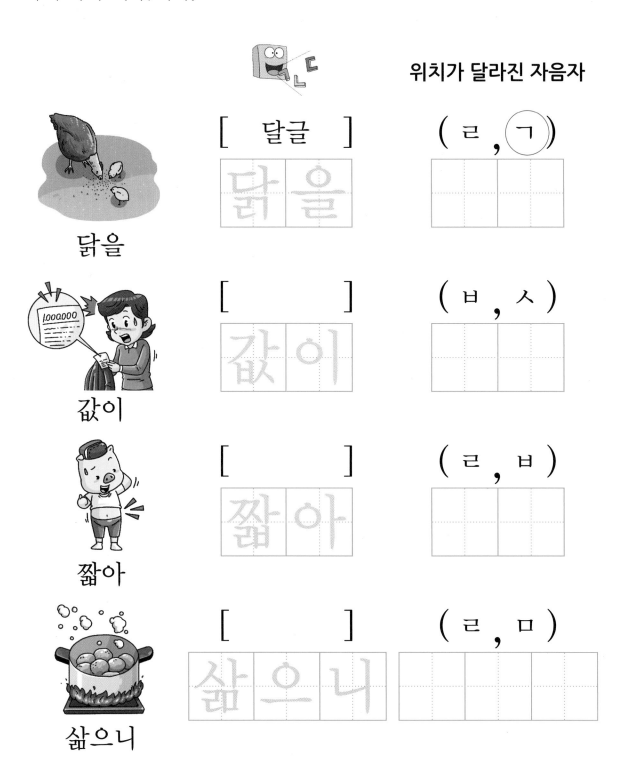

위치가 달라진 자음자

[달글] (ㄹ , ㉠)

닭을

[ ] (ㅂ , ㅅ)

값이

[ ] (ㄹ , ㅂ)

짧아

[ ] (ㄹ , ㅁ)

삶으니

2 반대말을 바르게 쓴 것을 선으로 이어 봅시다.

흐린 ・

・ 맑은

・ 말근

늙은 ・

・ 절믄

・ 젊은

좁은 ・

・ 널븐

・ 넓은

3 소리 나는 대로 써서 틀린 낱말입니다. 바르게 고쳐 쓴 낱말을 보기 에서 찾아 써 봅시다.

짤븐 →

글거서 →

발바서 →

보기
　　　　　　　　　　긁어서　　　　　밟아서　　　　　짧은

실력이 쑥쑥 겹받침이 넘어 가요(앉아/안자)

1 배운 내용을 생각하며, 틀린 글자를 바르게 고쳐 써 봅시다.

갑시 비싸다.

☐☐ 비싸다.

넉시 나가다.

☐☐ 나가다.

아무도 업서 무서워요.

아무도 ☐☐ 무서워요.

책을 훌터보다.

책을 ☐☐☐☐ .

2 틀린 말을 〈보기〉처럼 바르게 고쳐 써 봅시다. 그러고 나서 완성된 문장을 소리 내어 읽어 봅시다.

〈보기〉

흘그로 두꺼비 집을 만든다.

흙으로 두꺼비 집을 만든다 .

팔이 가려워서 글겄다.

.

똥을 발바서 냄새가 나요.

.

비행기가 널븐 하늘을 날아요.

.

더 나아가기 겹받침이 넘어 가요(앉아/안자)

1 전래 동화 「의좋은 형제」의 일부분입니다. 이야기를 읽고, 틀린 부분에 ○표 해 봅시다.

달이 발근 밤, 형은 동생의 곡식이 부족할까 봐 자기의 볏단을 덜어 동생의 볏단 위에 두었어요.

동생도 형의 곡식이 부족할까 봐 자기의 볏단을 들고 가다가 누군가 발을 발바서 깜짝 놀라 고개를 들었어요. 형이었어요!

형과 동생은 사이좋게 마주안자 이야기를 나누었답니다.

2 1에서 ○표한 부분을 바르게 고쳐 써 봅시다. 그러고 나서 소리 내어 읽고, 위치가 달라진 자음자를 써 봅시다.

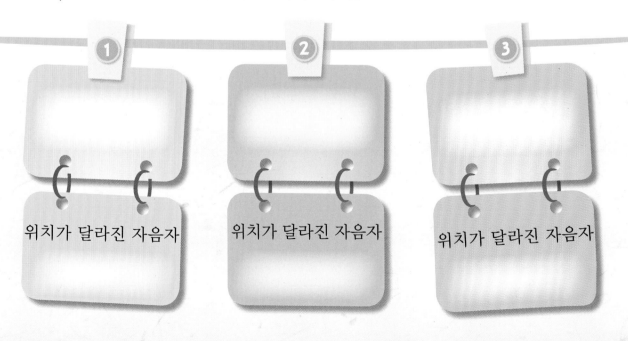

위치가 달라진 자음자

위치가 달라진 자음자

위치가 달라진 자음자

3 정말 열심히 공부했어요. 지금까지 배운 내용을 생각하며, **2**에서 찾은 낱말들의 규칙을 스스로 정리해 봅시다.

이렇게 정리해요

> 겹받침 바로 뒤에 ☐이 오면, 받침이 모두 옮겨 가지 않고 ( ) 자음자가 ☐의 자리로 옮겨 가서 소리 나요. 하지만 쓸 때에는 받침을 원래 자리에 써요.

보기

o   뒤

4 부모님이나 선생님이 불러 주시는 말을 바르게 써 봅시다.

1

2

3

4

5

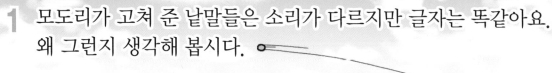

65

왜 그럴까요?

겹받침이 헷갈려요
(넓다/널따, 밟다/밥따)

1 모도리가 고쳐 준 낱말들은 소리가 다르지만 글자는 똑같아요.
왜 그런지 생각해 봅시다.

넙적한 돌멩이를 넙고 푸른 바다에 던졌다

글자를 소리 나는 대로 쓰면 안 돼! 이건 '넓'이라고 써야지.

소리가 다른데 글자는 똑같네?

'넓다'라는 말에서 다 나왔기 때문이야.

2 소리를 듣고 [   ] 안에 쓰고, 따라 읽어 봅시다. 그리고 나서
   받침 자리에서 소리 나는 자음자에 ○표 해 봅시다.

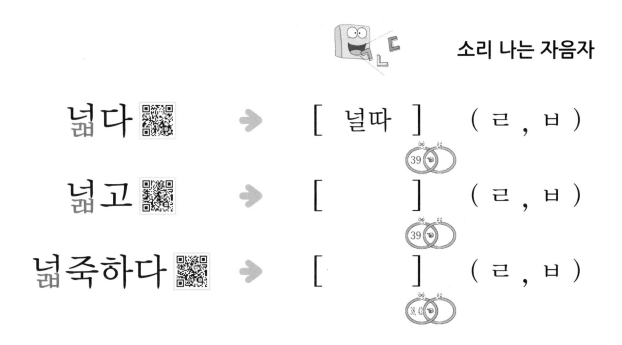

소리 나는 자음자

넓다 ➡ [널따] (ㄹ , ㅂ)

넓고 ➡ [   ] (ㄹ , ㅂ)

넓죽하다 ➡ [   ] (ㄹ , ㅂ)

💡생각하기1 겹받침은 받침 자리에서 앞과 뒤의 자음자가 둘 다 소리 납니까?
        하나만 소리 납니까?

💡생각하기2 '소리 나는 자음자'를 보고, 겹받침 ㄼ이 어떻게 소리 나는지
        생각해 봅시다.

겹받침 ㄼ은 대부분 앞 자음자 ㄹ이 소리 나요. 하지만 '넓죽하
다'처럼 뒤 자음자가 소리 나는 경우도 있어, 발음이 헷갈릴 수
있어요. 하지만 쓸 때에는 겹받침 두 개의 자음자를 모두 써요.

겹받침이 헷갈려요
(넓다/널따, 밟다/밥따)

1 소리 내어 따라 읽고, 받침소리가 되는 자음자에 ○표 해 봅시다.
그리고 나서 따라 써 봅시다.

소리 나는 자음자

 여덟 (ㄹ , ㅂ)

 넓다 (ㄹ , ㅂ)
39

 짧다 (ㄹ , ㅂ)
39

얇다 (ㄹ , ㅂ)
39

 떫다 (ㄹ , ㅂ)
39

90

2 소리 내어 따라 읽고, 받침소리가 되는 자음자에 ○표 해 봅시다.
그러고 나서 따라 써 봅시다.

소리 나는 자음자

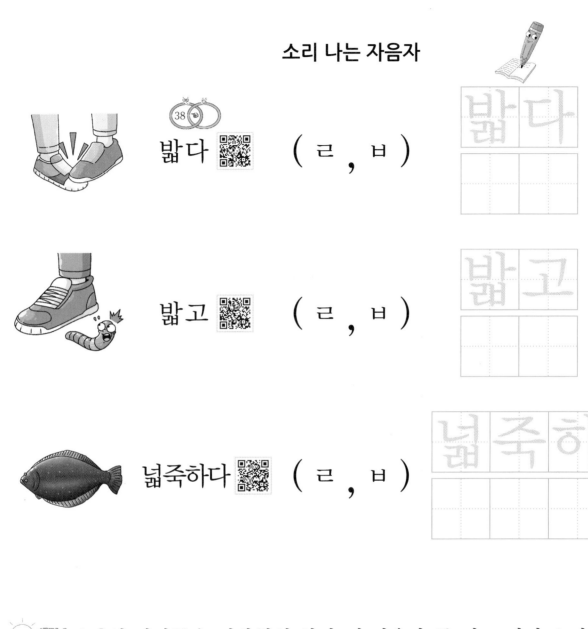

밟다 (ㄹ , ㅂ)   밟다

밟고 (ㄹ , ㅂ)   밟고

넓죽하다 (ㄹ , ㅂ)   넓죽하다

💡생각1하기 1,2의 낱말들은 겹받침의 앞과 뒤 자음자 중 어느 것이 소리
났는지 알맞은 것에 ○표 해 봅시다.
1 (앞 , 뒤)   2 (앞 , 뒤)

💡생각2하기 '밟'은 '밟다', '밟고', '밟지'와 같이 뒤에 자음이 올 때, '넓'은
'넓죽하다'와 '넓둥글다'와 같은 경우에, 겹받침 ㄼ이 뒤 자음
자 ( )이 소리 납니다.

겹받침이 헷갈려요
(넓다/널따, 밟다/밥따)

1 배운 내용을 생각하며, 틀린 글자를 바르게 고쳐 써 봅시다.

여덜 살이에요.

☐ ☐ 살이에요.

방이 널고 깨끗하다.

방이 ☐ ☐ 깨끗하다.

감이 떨네.

감이 ☐ ☐ .

넙죽한 얼굴

☐ ☐ ☐ 얼굴

2 틀린 말을 <보기>처럼 바르게 고쳐 써 봅시다. 그리고 완성된 문장을 소리 내어 읽어 봅시다.

<보기>

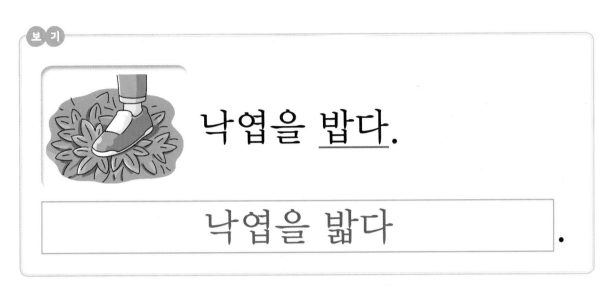

낙엽을 <u>밥다</u>.

낙엽을 밟다 .

 돗자리를 <u>널게</u> 펴다.

_____ .

 이불이 <u>얄고</u> 가벼워요.

_____ .

 머리를 <u>짤게</u> 자르다.

_____ .

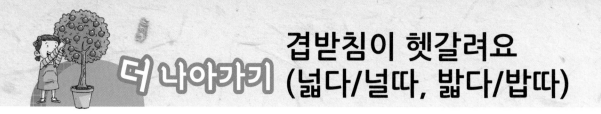

겹받침이 헷갈려요
(넓다/널따, 밟다/밥따)

1 또바기가 모도리를 만날 수 있도록 바르게 쓴 낱말을 찾아 선으로 이으며 길을 찾아가 봅시다.

밟고

밥고

여덜

여덟

넙죽하다

넓죽하다

널게

넓게

2 정말 열심히 공부했어요. 지금까지 배운 내용을 생각하며, **1**에서 찾은 낱말들의 규칙을 스스로 정리해 봅시다.

> 겹받침 ☐ 은 대부분 (   ) 자음자 ㄹ이 소리 나요. 하지만 '밟고', '넓죽하다' 처럼 뒤 자음자 ㅂ이 소리 나는 경우도 있어서 발음이 헷갈릴 수 있어요. 하지만 쓸 때에는 겹받침 두 개의 자음자를 모두 써요.

보기

앞   래

3 부모님이나 선생님이 불러 주시는 말을 바르게 써 봅시다.

①

②

③

④

⑤

66

왜 그럴까요?

겹받침이 헷갈려요
(맑다/막따, 맑고/말꼬)

1 모도리가 고쳐 준 낱말들은 소리가 다르지만 글자는 똑같아요. 왜 그런지 생각해 봅시다.

글자를 소리 나는 대로 쓰면 안 돼! 이건 '맑' 이라고 써야지.

소리가 다른데 글자는 똑같네?

'맑다'라는 말에서 다 나왔기 때문이야.

2 소리를 듣고 [   ] 안에 쓴 뒤, 따라 읽어 봅시다. 그러고 나서
받침 자리에서 소리 나는 자음자에 ◯표 해 봅시다.

소리 나는 자음자

맑다 ➡ [막따] (ㄹ , ㄱ)
⑳

맑지 ➡ [   ] (ㄹ , ㄱ)
⑳

맑고 ➡ [   ] (ㄹ , ㄱ)
㊲

💡 **생각1하기** 겹받침은 받침 자리에서 앞과 뒤의 자음자가 둘 다 소리 납니까?
하나만 소리 납니까?

💡 **생각2하기** '소리 나는 자음자'를 보고, 겹받침 ㄺ이 어떻게 소리 나는지
생각해 봅시다.

원리가 쑥쑥

겹받침 ㄺ은 대부분 뒤 자음자 ㄱ이 소리 나요. 하지만 '맑고'처럼
겹받침 ㄺ의 바로 뒤에 ㄱ이 오면 앞 자음자 ㄹ이 소리 나요.
하지만 쓸 때에는 겹받침 두 개의 자음자를 모두 써요.

1 소리 내어 따라 읽고, 받침소리가 되는 자음자에 ○표 해 봅시다.
그리고 나서 따라 써 봅시다.

소리 나는 자음자

닭 　　(ㄹ , ㄱ)

흙 　　(ㄹ , ㄱ)

산기슭 　　(ㄹ , ㄱ)

읽다 　　(ㄹ , ㄱ)

밝다 　　(ㄹ , ㄱ)

2 소리 내어 따라 읽고, 받침소리가 되는 자음자에 ◯표 해 봅시다. 그리고 나서 따라 써 봅시다.

39 소리 나는 자음자

읽기 (ㄹ , ㄱ)

늙고 (ㄹ , ㄱ)

밝기 (ㄹ , ㄱ)

굵기 (ㄹ , ㄱ)

읽기

늙고

밝기

굵기

생각하기1 1, 2의 낱말들은 겹받침의 앞과 뒤 자음자 중 어느 것이 소리 났는지 알맞은 것에 ◯표 해 봅시다.

1 (앞 , 뒤)　　　　2 (앞 , 뒤)

생각하기2 겹받침 ㄺ이 받침 자리에서 앞 받침 ㄹ로 소리 나는 경우의 공통점을 2의 4개의 낱말에서 찾아 ☐ 안을 채워 봅시다.

겹받침 ㄺ의 뒤에 자음 ☐ 이 옵니다.

99

1 배운 내용을 생각하며, 틀린 글자를 바르게 고쳐 써 봅시다.

꼬꼬댁 수탁

꼬꼬댁 [　][　]

가파른 산끼슥

가파른 [　][　][　]

등을 극따.

등을 [　][　] .

불께 물든 단풍

[　][　] 물든 단풍

100

2 틀린 말을 보기 처럼 바르게 고쳐 써 봅시다. 그러고 나서 완성된 문장을 소리 내어 읽어 봅시다.

보기

책을 일꼬 제자리에 꽂아라.

책을 읽고 제자리에 꽂아라 .

굴꼬 단단한 통나무

흑탕물이 튀다.

.

반죽이 묵따.

.

겹받침이 헷갈려요
(맑다/막따, 맑고/말꼬)

1 또바기가 해수욕장에 갈 수 있도록 바르게 쓴 낱말을 선으로 이으며 길을 찾아가 봅시다.

흙

흑

책을 익다

책을 읽다

닥

닭

굵게

굵게

2 정말 열심히 공부했어요. 지금까지 배운 내용을 생각하며, **1**에서 찾은 낱말들의 규칙을 스스로 정리해 봅시다.

이렇게 정리해요

> 겹받침 ⬜은 받침 자리에서 대부분 뒤 자음자 ㄱ이 소리 나요. 하지만 '맑고'처럼 겹받침 바로 뒤에 자음자 ㄱ이 오면 앞 자음자 ⬜이 소리 나는 경우도 있어, 발음이 헷갈릴 수 있어요. 쓸 때에는 겹받침 두개의 자음자를 모두 써요.

보기

ㄹ   ㄺ

3 부모님이나 선생님이 불러 주시는 말을 바르게 써 봅시다.

1 ⬜ •

2 ⬜ •

3 ⬜

4 ⬜ •

5 ⬜ •

15장

헷갈리는 말과 쓰기 마법

• 헷갈리는 말을 읽는 방법과 쓰는 방법을 알아봅시다.

67

왜 그럴까요?

강한 소리가 나면 받침에 ㅅ을 써 줘요
(나뭇가지/나무까지)

1 또바기가 쓴 노랫말에 틀린 낱말이 있어요. 어떻게 고쳐 써야 할지 생각해 봅시다.

모도리야, 우리 같이 노래 부르자.

그래. 틀린 부분 고치고 같이 노래 부르자.

나 무 까지에   실 처

하 얀 눈 처 럼   희 고

2 원래 있던 두 말이 합쳐져 새로운 낱말이 되면, 어떻게 써야 하는지 생각해 봅시다.

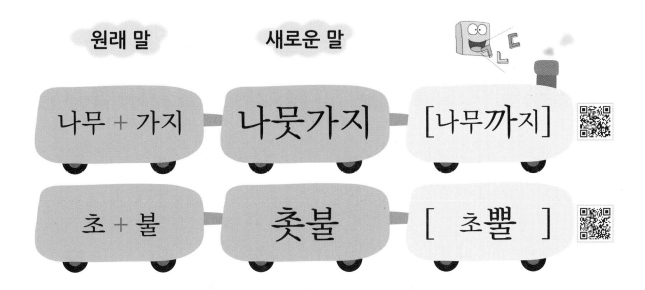

💡**생각하기1** 원래 말과 새로운 말을 비교해 보세요. 새로운 말에 어떤 자음 자가 새로 생겼나요?

💡**생각하기2** 원래 말과 새로운 말의 🔊을 소리 내어 봅시다. 원래 말보다 새로운 말의 소리가 어떻게 느껴지나요? 해당하는 것에 ○표 해 봅시다.

(　강하게, 　부드럽게 　)

'나뭇가지'는 '나무'와 '가지' 두 말이 합쳐진 낱말입니다. [나무가지]로 소리 나지 않고 [나무까지]로 소리가 강하게 나요.
이렇게 두 말이 합쳐진 낱말이면서 뒤에 오는 말의 첫소리가 강하게 소리 나는 말은 앞말의 받침에 ㅅ을 써 줍니다. 앞말 '나무'와 뒷말 '가지' 사이에 써 준다고 해서 '사이시옷'이라고 불러요.
그래서 '나무+가지'는 '나무가지'가 아니라 '(　　　)'로 씁니다.

☞ 합쳐지는 두 말 중에 적어도 하나는 고유어이어야 해요.
☞ 고유어: 순 우리말로, 한자어나 외래어가 아닌 말.

1 소리 내어 따라 읽어 봅시다. 그리고 따라 써 봅시다.

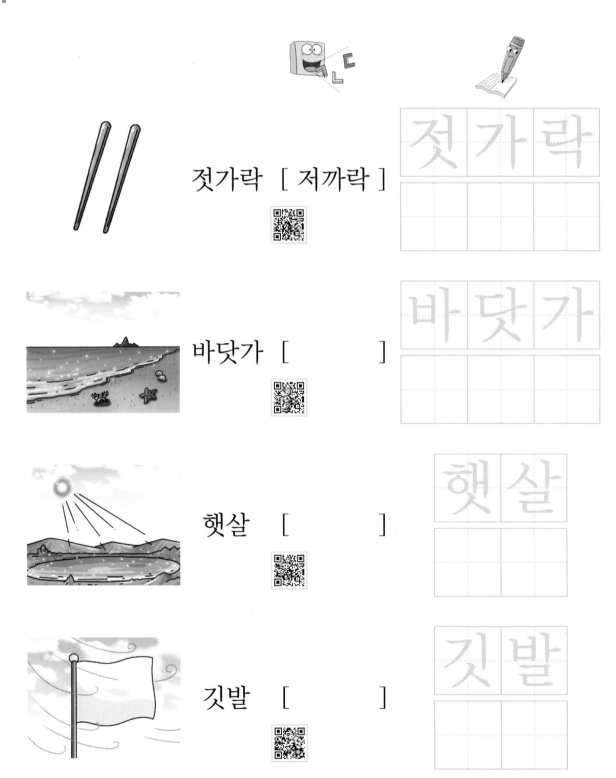

젓가락   [저까락]

바닷가   [   ]

햇살   [   ]

깃발   [   ]

2 소리 내어 읽고, 바르게 쓴 것에 ○표 해 봅시다.

(해볕 / 햇볕)은 쨍쨍, 모래알은 반짝

쭉 뻗은 (기차길 / 기찻길)

3 소리 나는 대로 써서 틀린 낱말입니다. 바르게 고쳐 쓴 낱말을 보기 에서 찾아 써 봅시다.

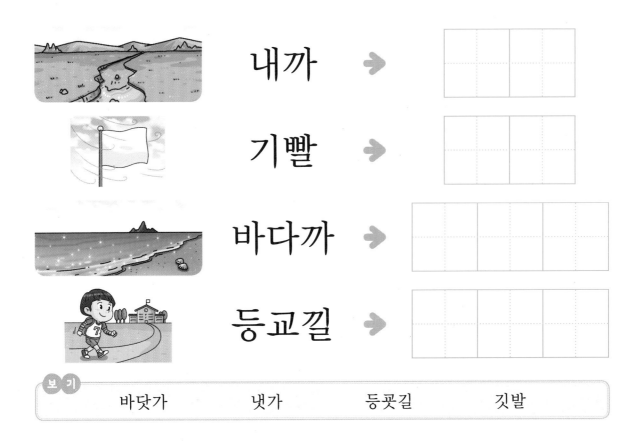

내까 ➡

기빨 ➡

바다까 ➡

등교낄 ➡

보 기   바닷가   냇가   등굣길   깃발

1 배운 내용을 생각하며, 틀린 글자를 바르게 고쳐 써 봅시다.

초뿔을 끄다.

　　　　을 끄다.

저까락 잡는 방법

　　　　잡는 방법

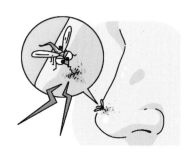

모기가 코뜽을 물다.

모기가 　　　을 물다.

새낄로 가면 빨라요.

　　　로 가면 빨라요.

2 「피노키오」 이야기의 일부입니다. 이야기를 읽고, 틀린 곳에 ○표 해 봅시다.

피노키오가 바다까에서 배를 타고 놀아요.
그러다 그만 파도에 휩쓸려 버렸어요.
파도에 떠내려가는 피노키오를 고래가 삼켰어요. 잠시 후, 정신을 잃었던 피노키오가 눈을 떴어요.
"여기가 어디지?"
피노키오가 고래 배쏙에 갇혔어요.

3 2에서 ○표 한 말이 들어 있는 문장을 바르게 고쳐 써 봅시다.

① _____ •

② _____ •

1 보기의 그림에 알맞은 낱말이 되도록 빈칸을 채워 봅시다.

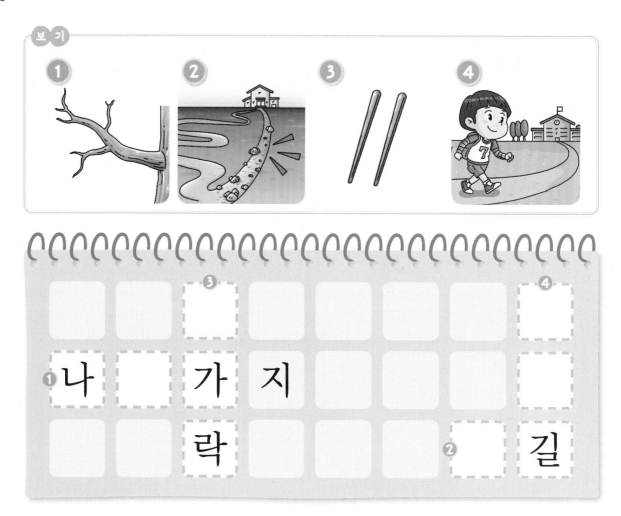

2 1에서 찾아낸 낱말을 소리 내어 읽고, 빈칸에 써 봅시다.

3 정말 열심히 공부했어요. 지금까지 배운 내용을 생각하며, **2**에서 찾은 낱말들의 규칙을 스스로 정리해 봅시다.

두 말이 합쳐진 낱말이면서 뒤에 오는 말의 첫소리가 강하게 소리 나는 말은 앞말의 받침에 ㅅ을 써 줍니다. 앞말과 뒷말 사이에 써 준다고 해서 '(   )'이라고 불러요.
그래서 '배+속'은 '배속'이 아니라 '(   )'으로 씁니다.

☞ 합쳐지는 두 말 중에 적어도 하나는 고유어이어야 해요.

보 기

뱃속   사이시옷

4 부모님이나 선생님이 불러 주시는 말을 바르게 써 봅시다.

① _____ .

② _____ .

③ _____ .

④ _____ .

⑤ _____ .

68

왜 그럴까요?

ㄴ 소리가 생기면 받침에 ㅅ을 써 줘요
(빗물/빈물)

1 또바기가 보낸 문자 메시지에 잘못 쓴 낱말이 있어요.
무엇이 틀렸는지 생각해 봅시다.

식품 코너

과 일

집에 잘
도착했니?

집에 잘
도착했니?

우산에 구멍
나서 비물에
다 젖었어요.

집에 잘
도착했니?

우산에 구멍
나서 비물에
다 젖었어요.

저런, 얼른
따뜻한 물로
샤워하렴!

2 원래 있던 두 말이 합쳐져 새로운 낱말이 되면, 어떻게 써야 하는지 생각해 봅니다.

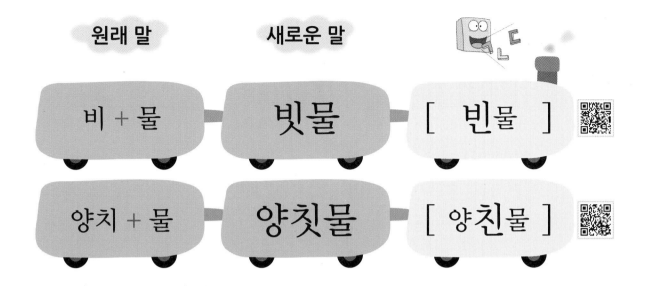

원래 말	새로운 말	
비 + 물	빗물	[빈물]
양치 + 물	양칫물	[양친물]

생각하기1 원래 말과 새로운 말을 비교해 봅시다. 새로운 말에 어떤 자음자가 생겼나요?

생각하기2 원래 말과 새로운 말의 을 소리 내고 비교해 보세요. 어떤 소리가 생겼나요?

원리가 쏙쏙

'빗물'은 '비'와 '물' 두 말이 합쳐진 낱말입니다. [비물]로 소리 나지 않고 [빈물]로 소리 나요. 이렇게 두 말이 합쳐진 낱말이면서 [ㄴ] 소리가 생겨나는 말은 앞말의 받침 자리에 ㅅ(사이시옷)을 써 줍니다. 그래서 '비+물'은 '비물'이 아니라 '(   )'로 씁니다.

☞ 합쳐지는 두 말 중 적어도 하나는 고유어이어야 해요.

한 걸음, 두 걸음

1 [ㄴ] 소리가 생겨나 받침에 ㅅ이 들어가는 낱말입니다. 따라 써 봅시다.

잇몸 [인몸]

송곳니 [   ]

콧날 [   ]

뒷머리 [   ]

2 소리 내어 읽고, 바르게 쓴 것을 선으로 이어 봅시다.

- 아랜니를 뽑다.

- 아랫니를 뽑다.

- 양칫물을 마시면 안 돼요.

- 양친물을 마시면 안 돼요.

3 소리 나는 대로 써서 틀린 낱말입니다. 바르게 쓴 낱말을 보기 에서 찾아 써 봅시다.

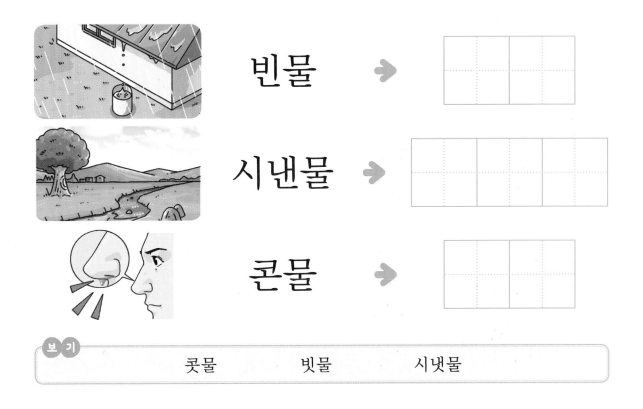

빈물 ➡

시낸물 ➡

콘물 ➡

보 기

콧물   빗물   시냇물

117

1 [ㄴ] 소리가 두 개 생겨나 받침에 ㅅ이 들어가는 낱말입니다. 따라 써 봅시다.

나뭇잎 [나문닙]

깻잎 [   ]

베갯잇 [   ]

뒷일 [   ]

2 틀린 말을 〔보기〕처럼 바르게 고쳐 써 봅시다. 그리고 완성된 문장을 소리 내어 읽어 봅시다.

〔보기〕

먼 <u>훈날</u> 다시 만나자.

먼 훗날 다시 만나자 .

<u>콘물</u>을 닦다.

.

<u>뒫닐</u>을 부탁해요.

.

벽에 <u>뒫머리</u>를 부딪치다.

.

1 📷 를 보고 어떤 낱말의 소리일지, 빈칸에 알맞은 자음자를 써 봅시다.

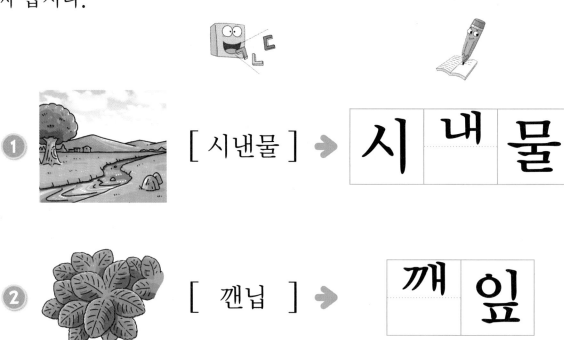

① [시낸물] ➡ 시 내 물

② [깬닙] ➡ 깨 잎

2 1에서 찾아낸 낱말을 빈칸에 써 봅시다.

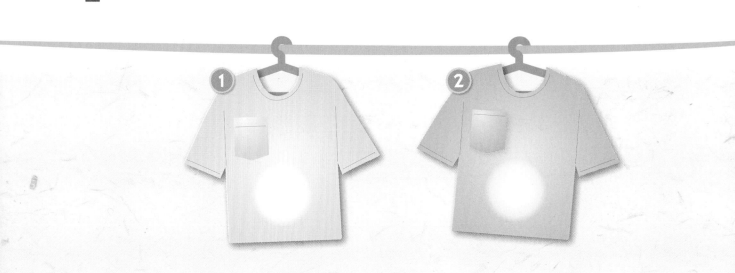

3 정말 열심히 공부했어요. 지금까지 배운 내용을 생각하며, **2**에서 찾은 낱말들의 규칙을 스스로 정리해 봅시다.

두 말이 합쳐진 낱말이면서 [ㄴ] 소리가 생겨나는 말은 앞말의 받침에 'ㅅ'(사이시옷)을 써 줍니다.
그래서 '시내+물'은 '시내물'이 아니라 '(　　　)'로 씁니다.
[ㄴ] 소리가 두 개 생기는 말도 앞말의 받침 'ㅅ'을 써 줍니다. 그래서 '나무+잎'은 '나무잎'이 아니라 '(　　　)'으로 씁니다.

☞ 합쳐지는 두 말 중에 적어도 하나는 고유어이어야 해요.

보기

나뭇잎   시냇물

4 부모님이나 선생님이 불러 주시는 말을 바르게 써 봅시다.

①

②

③

④

⑤

69

왜 그럴까요? 소리 나는 대로 쓰면 안 돼요 (할게/할께)

1 또바기가 보낸 편지에 잘못 쓴 낱말이 있어요. 틀리게 쓴 말에 ○표 해 봅시다.

모도리에게

안녕. 나야, 또바기!

한글을 가르쳐 주어서 고마워.

이제 바르게 쓸 쑤 있게 됐어.

앞으로도 열심히 할게.

또바기가...

아이고, 틀린 글자가 있잖아.

2 소리 나는 대로 쓰면 틀리는 말을 어떻게 써야 하는지 생각해 봅시다.

또바기의

쓸 쑤   [쓸 쑤]   ➡   쓸 수

할께   [할께]   ➡

생각하기1 **또바기의** 📝 와 🖥️ᄃ 를 비교해 보고, 또바기가 왜 글자를 틀리게 쓰게 되었을지 생각해 봅시다.

생각하기2 **또바기의** 📝 와 📝 를 비교해 봅시다. 무엇이 다릅니까?

생각하기3 💡생각하기1 과 💡생각하기2 를 떠올리며 📝 의 빈칸을 채워 봅시다.

받침 ㄹ로 끝나는 말 바로 뒤에 자음자 ㄱ, ㄷ, ㅂ, ㅅ, ㅈ이 오면 [ㄲ, ㄸ, ㅃ, ㅆ, ㅉ]로 강하게 소리 나요. 하지만 쓸 때에는 원래 자음자를 써요. 단, '같이 할까?'와 같이 물어보는 경우에는 받침 ㄹ로 끝나는 낱말 바로 뒤에 ㄱ이 온 것이 아니라, 물을 때 쓰는 '까'가 온 거예요.

헷갈리면 안 돼요!

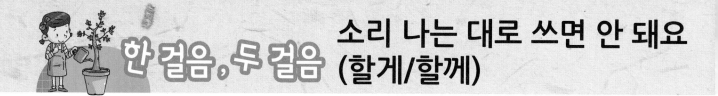
1 받침 ㄹ로 끝나는 말 바로 뒤의 소리가 강하게 나는 말입니다. 따라 써 봅시다.

할 거야 [할 꺼야]

| 할 | | 거 야 |

어찌할 줄 [　　　]

| 어 찌 할 | | 줄 |

할수록 [　　　]

| 할 수 록 |

할지 말지 [　　　]

| 할 지 | 말 지 |

2 소리 내어 읽고, 바르게 쓴 것을 선으로 이어 봅시다.

• 약속할께.

• 약속할게.

• 진작에 할 껄.

• 진작에 할 걸.

• 갈 데가 없네.

• 갈 떼가 없네.

• 시간이 갈수록

• 시간이 갈쑤록

1 배운 내용을 생각하며 빈칸을 채우고, 따라 써 봅시다.

➡ 넌 잘 할 □ 야.

.

➡ 키가 커 갈 □ 록

➡ 당황해서 어찌할 □ 을 모르는

➡ 수영을 할 □ 말지

2 「개미와 베짱이」 이야기의 일부입니다. 이야기를 읽고, 틀린 곳에 ○표 해 봅시다.

햇볕이 쨍쨍 내리쬐는 뜨거운 여름입니다.

베짱이는 오늘도 그늘에 앉아 노래를 부르고 있어요. 개미는 힘들찌라도 음식을 모으고 있네요. 추운 겨울을 대비하려나 봐요. 어느덧 시간이 흘러 겨울이 되었어요. 베짱이가 추위에 떨며 개미의 집에 찾아왔어요. 똑똑.

"개미야, 나는 갈 떼가 없어."

3 2에서 ○표 한 말이 들어 있는 문장을 바르게 고쳐 써 봅시다.

① _____ .

② _____ .

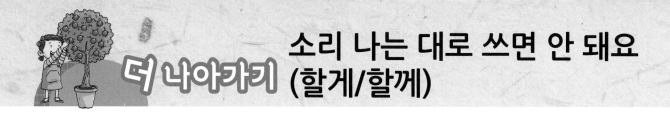

1 를 보고 어떤 의 소리일지, 빈칸에 알맞은 글자를 써 봅시다.

① [금방 갈께] ➡ 금방 갈 ☐

② [잘할 껄] ➡ 잘할 ☐

2 1에서 찾아낸 말을 소리 내어 읽고, 바르게 써 봅시다.

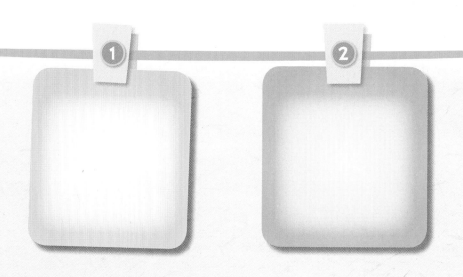

3 정말 열심히 공부했어요. 지금까지 배운 내용을 생각하며, **2**에서 찾은 낱말들의 규칙을 스스로 정리해 봅시다.

받침 ㄹ로 끝나는 낱말 바로 뒤에 자음자 ㄱ, ㄷ, ㅂ, ㅅ, ㅈ이 오면 [□, ㄸ, ㅃ, ㅆ, ㅉ]로 (   ) 소리 나요. 하지만 쓸 때에는 원래 자음자를 써요. 그래서 [또 할 꺼야]라고 말하지만, 쓸 때에는 ' 또 할 (   )야 '라고 써요.

보기

강하게   ㄲ   거

4 부모님이나 선생님이 불러 주시는 말을 바르게 써 봅시다.

① 　

② 　

③ 　

④ 　

⑤

70

왜 그럴까요? **'이' 나 '히'로 써요**
(깨끗이/솔직히)

1 화장실에 간 또바기가 벽에 붙어 있는 문장을 보고 고민하는 이유가 무엇일지 생각해 봅시다.

2 □ 안에 어떤 글자가 들어가야 할지 생각해 봅시다.

조용 ①	깨끗 ②

💡**생각
하기1** '조용하다'처럼, '하다'를 붙였을 때 말이 되는 것은 '조용+히'가 맞고 '조용+이'는 틀립니다.

💡**생각
하기2** '깨끗하다'처럼, '하다'를 붙였을 때 말이 되는 것 중에서 ㅅ 받침으로 끝나는 말은 '깨끗+히'는 틀리고 '깨끗+이'가 맞습니다.

💡**생각
하기3** ①과 ②에는 '이'와 '히' 중, 어느 글자가 들어가야 합니까?

**원리가
쏙쏙**

'이'나 '히'를 써야 할 곳을 알아봅시다.
① '하다'를 붙였을 때 말이 되지 않는 것은 '이'로 적습니다.
　예 (하다×)
　　외로+(이), 히): 외로하다(×)
② '하다'를 붙였을 때 말이 되는 것은 '히'로 적습니다. 그런데 말이 되는 글자 중에 ㅅ 받침으로 끝나는 것은 '이'로 적습니다.
　예 (하다○)
　　깨끗+(이), 히): 깨끗하다(○, 받침×)
받침 'ㄱ'으로 끝나는 것은 소리에 따라서 '이' 또는 '히'로 적습니다. 하다.
　예 (하다○)
　　깊숙+(이), 히): [깁수기], [깁수키]
　　(하다○)
　　넉넉+(이), 히): [넉너기], [넉너키]
③ 한자어 뒤에는 '히'로 적습니다.
　예 영원+(이, 히): 영원(永遠)

☞ 한자어인지 아닌지는 국어사전에서 확인할 수 있어요.

1 '이'로 써야 하는 낱말을 따라 써 봅시다.

(하다×)
반가이

(하다×)
곰곰이

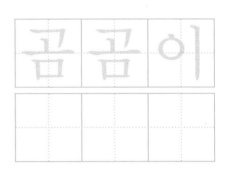

(하다○)
깨끗이

(하다○)
깊숙이
[깁수기]

2 '히'로 써야 하는 낱말을 따라 써 봅시다.

(하다○)
조용히

(하다○)
정확히
(正確+히)

(하다○)
넉넉히
[넉너키]

(하다○)
열심히
(熱心+히)

1 바르게 쓴 것에 ○표 하고, 따라 써 봅시다.

도서관에서 (조용히 / 조용이)!

(곰곰히 / 곰곰이) 생각하다.

(꼼꼼히 / 꼼꼼이) 색칠하다.

의자에 (반듯히 / 반듯이) 앉다.

2 빈칸에 '이'와 '히'를 알맞게 넣어 완성하고, 따라 써 봅시다.

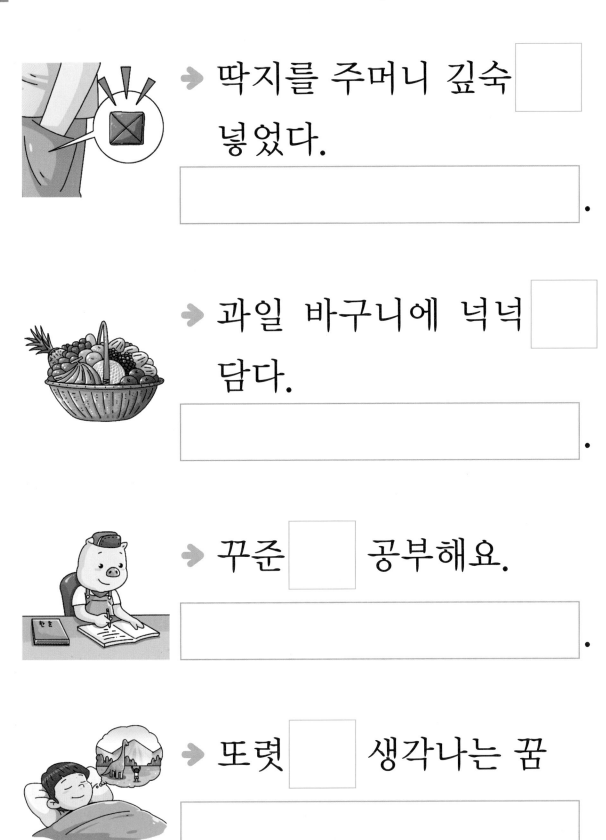

➜ 딱지를 주머니 깊숙 □ 넣었다.

_____ .

➜ 과일 바구니에 넉넉 □ 담다.

_____ .

➜ 꾸준 □ 공부해요.

_____ .

➜ 또렷 □ 생각나는 꿈

_____

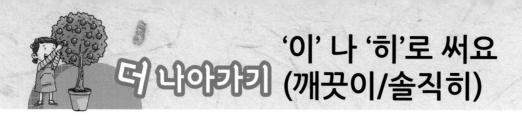

'이' 나 '히'로 써요
(깨끗이/솔직히)

1 바르게 쓴 낱말이 되도록 선으로 이어 봅시다.

2 1에서 찾아낸 낱말을 소리 내어 읽고, 빈칸에 써 봅시다.

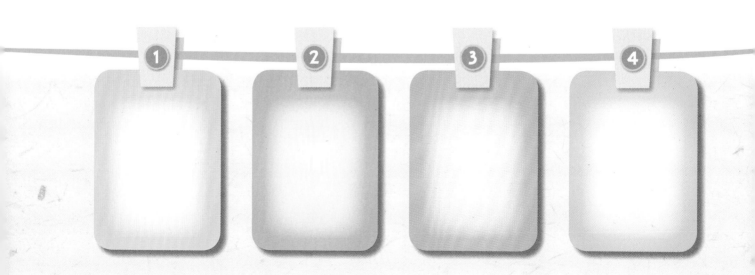

3 정말 열심히 공부했어요. 지금까지 배운 내용을 생각하며, **2**에서 찾은 낱말들의 규칙을 스스로 정리해 봅시다.

> '이'나 '히'를 써야 할 곳을 알아봅시다.
> ① '하다'를 넣었을 때 말이 되지 않는 것은 '(　　)'로 씁니다.
> ② '하다'를 넣었을 때 말이 되는 것은 '히'로 씁니다.
> 　 그런데 말이 되는 글자 중에 ㅅ 받침으로 끝나는 것은 '(　　)'로 씁니다.
> 　 ㄱ 받침으로 끝나는 글자는 소리에 따라서 '이' 또는 '히'로 씁니다.
> ③ 한자어 뒤에는 '(　　)'로 씁니다.

보기		
	이	히

4 부모님이나 선생님이 불러 주시는 말을 바르게 써 봅시다.

①

②

③

④

⑤

71

비슷해서 헷갈려요 (맞히다/맞추다)

1 또바기가 모도리의 말을 듣고 깜짝 놀랐어요. 왜 이런 오해가 생겼는지 생각해 봅시다.

2 소리는 비슷하지만 글자와 뜻이 다른 낱말을 알아봅시다.

하나, 둘.

새다

세다

💡 **생각하기 1** 두 낱말을 소리 내어 읽어 봅시다. 소리의 차이를 구별할 수 있나요?

💡 **생각하기 2** 두 낱말의 모양을 비교해 봅시다. 어떤 차이가 있나요?

원리가 쏙쏙

우리말에는 '새다'와 '세다'처럼 소리가 같거나 비슷하지만 글자와 뜻이 다른 낱말들이 있어요. 이런 낱말들은 소리로만은 구별하기 어려워요.

그래서 같이 쓰이는 다른 낱말들로 뜻을 알 수 있어요. '새다'는 '밤'과 함께 쓰이면, '날이 밝아 오다'라는 뜻을 나타내고 '세다'는 '숫자'와 함께 쓰이면 '수를 헤아리다', '힘'과 함께 쓰이면 '힘이 많다'라는 뜻을 나타내요.

소리는 비슷하거나 같지만, 글자와 뜻은 다른 낱말입니다. 따라 써 봅시다.

매다

메다

붙이다

부치다

저리다

절이다

매다

메다

붙이다

부치다

저리다

절이다

마치다

맞히다

맞추다

바치다

받히다

받치다

1 왼쪽 낱말과 소리는 같지만, 글자와 뜻은 다른 낱말을 생각해 (   ) 안에 써 봅시다.

 식히다  (   )

 깁다 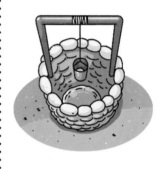 (   )

 늘이다  (   )

 달이다  (   )

2 배운 내용을 생각하며 빈칸을 채워 완성하고, 따라 써 봅시다.

➡ 색종이를 풀로 ☐ ☐ 고

☐

➡ 정답을 맞 ☐ 다.

☐ .

➡ 가방을 ☐ 고 가요.

☐ .

➡ 쥐가 나서 다리가 ☐ ☐ 다.

☐ .

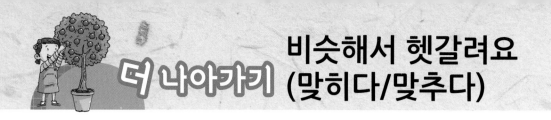

비슷해서 헷갈려요
더 나아가기 (맞히다/맞추다)

1 그림에 알맞은 문장이 되도록, 바르게 쓴 것에 ○표 해 봅시다.

수업을 (맞히고 / 마치고)집에 갑니다.

놀다가 자전거에 (받쳤다 / 받혔다).

부채질로 더위를 (시키다 / 식히다).

2 1에서 찾아낸 낱말을 소리 내어 읽고, 빈칸에 써 봅시다.

3 정말 열심히 공부했어요. 지금까지 배운 내용을 생각하며, **2**에서 찾은 낱말들의 규칙을 스스로 정리해 봅시다.

우리말에는 '붙이다'와 '부치다'처럼 ( )가 같거나 비슷하지만 ( )와 뜻이 다른 낱말들이 있어요. 이런 낱말들은 소리로만은 구별하기 어려워요.
그래서 같이 쓰이는 다른 낱말들을 보고 뜻을 알 수 있어요. '( )'는 '풀'이나 '테이프'와 함께 쓰이고 '( )'는 '편지'나 '부침개', '전'과 함께 쓰여요.

보기

글자　　　　소리　　　　부치다　　　　붙이다

4 부모님이나 선생님이 불러 주시는 말을 바르게 써 봅시다.

① ·

② ·

③ ·

④ ·

⑤ ·

72

왜 그럴까요?

비슷해서 헷갈려요
(바람/바램)

1 갖고 싶은 것을 말하는 또바기와 모도리의 말이 서로 달라요.
어떻게 쓰는 것이 맞는지 생각해 봅시다.

2 또바기와 모도리가 사용한 낱말의 모양과 뜻을 비교해 봅시다.

	바람	바램
모양	바라다	바래다
뜻	일이 이루어지길 원하다.	햇빛을 받아 색이 변하다.
	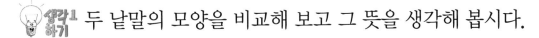	

💡**생각하기1** 두 낱말의 모양을 비교해 보고 그 뜻을 생각해 봅시다.

💡**생각하기2** '바람'과 '바램' 중에서, 또바기의 상황에 알맞은 낱말은 무엇일까요?

원리가쏙쏙

우리말을 적는 가장 큰 규칙은 '소리대로 적되, 맞춤법에 맞도록 적는다.'이에요. 이 규칙을 '한글 맞춤법'이라고 해요. 어색하게 느껴지는 경우가 있더라도 정한 대로 써야 해요.

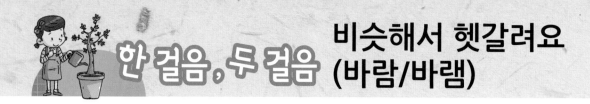

❓ 헷갈리는 글자의 모양과 뜻을 알아봅시다. 그리고 따라 써 봅시다.

'ㅊㅌㅍㅋ'처럼 세거나 'ㄲㄸㅃㅆㅉ'처럼 강하게 소리 나는 자음자 앞에는 사이시옷을 쓰지 않아요.

'윗집, 아랫집'처럼 반대말이 있을 때에는 '윗'으로 쓰고 반대말이 없을 때에는 '웃'으로 써요.

위층

윗집

웃어른

특징 — 멋쟁이

기술을 가진 사람 — 대장장이

148

선택

어제 얼마나 배고팠던지.

과거

먹든지 말든지

배고팠던지

자격

수단

친구로서

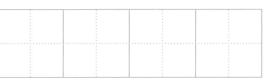

칼로써

1 그림에 알맞은 문장이 되도록, 바르게 쓴 것에 ○표 해 봅시다. 그리고 따라 써 봅시다.

누구(던지 / 든지) 환영해.

대장으(로써 / 로서) 명령한다.

겁(장이 / 쟁이)구나.

(윗 / 위 / 웃)층에서 시끄러운 소리가 들린다.

2 배운 내용을 생각하여 빈칸을 채워 완성하고, 따라 써 봅시다.

➡ [ ]어른께 인사를 해요.

[   ].

➡ 키가 크기를 바[ ]요.

[   ].

➡ 얼마나 추웠[ ]지 손이 시려웠다.

[   ].

➡ 거짓말[ ]이는 나빠.

[   ].

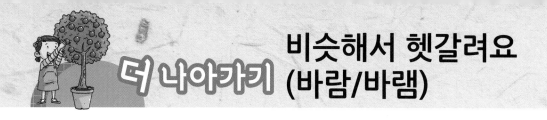
1 그림에 알맞은 낱말이 되도록, 바르게 쓴 것에 ○표 해 봅시다.

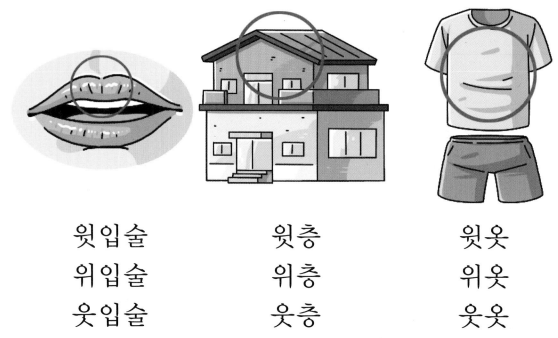

윗입술	윗층	윗옷
위입술	위층	위옷
웃입술	웃층	웃옷

☞ 외투처럼 맨 겉에 입는 옷은 '웃옷'이라고 써요.

2 1에서 찾아낸 낱말을 소리 내어 읽고, 빈칸에 써 봅시다.

3 정말 열심히 공부했어요. 지금까지 배운 내용을 생각하며, **2**에서 찾은 낱말들의 규칙을 스스로 정리해 봅시다.

이렇게 정리해요

우리말을 적는 가장 큰 규칙은 '소리대로 적되, (   )에 맞도록 적는다.'예요. 이 규칙을 '한글 맞춤법'이라고 해요. 어색하게 느껴지는 경우가 있더라도 정한 대로 써야 해요. '할아버지가 건강하기를 원한다.'라는 뜻을 전달할 때에는 '할아버지께서 건강하시기를 (   ).'라고 써야 해요.

보기

| 맞춤법 | 바래요 | 바라요 |

4 부모님이나 선생님이 불러 주시는 말을 바르게 써 봅시다.

①

②

③

④

⑤

73

왜 그럴까요? **비슷해서 헷갈려요**
(돼요/되요)

1 일기를 쓰는 또바기가 고민하고 있네요. 어떻게 쓰는 것이 바를지 생각해 봅시다.

안 돼?
안 되?

교실에서 뛰면

2 또바기가 쓰려는 말을 바르게 쓰는 방법을 알아봅시다.

① 안 돼   **②** 안 되

💡**생각하기1** 파란색 글자는 '되다'가 변한 것이에요. '되다'를 **②**처럼 '되'와 '다' 둘 중 하나만 써도 될까요?   (○ , ×)

💡**생각하기2** '되'에 '다' 대신에 '어'를 붙인 '되어'를 한 글자로 줄여 봅시다.

$$ 되 \ + \ ㅓ \ = \ \boxed{} $$

💡**생각하기3** '안 돼'와 '안 되' 중에서, 또바기의 상황에 맞는 말은 무엇일까요?

원리가 쏙쏙

우리말을 적는 가장 큰 규칙은 '소리대로 적되, 맞춤법에 맞도록 적는다.'예요. 이 규칙을 '한글 맞춤법'이라고 해요. 어색하게 느껴지는 경우가 있더라도 정한 대로 써야 해요.

155

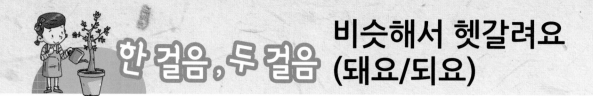

❓ 헷갈리는 글자의 모양과 뜻을 알아봅시다. 그리고 따라 써 봅시다.

안 한다

하지 않다

어떻게

어떡해

전달 했더라

왠지

웬지

비슷해서 헷갈려요
(돼요/되요)

1 그림에 알맞은 문장이 되도록, 바르게 쓴 것에 ○표 해 봅시다. 그리고 따라 써 봅시다.

그러면 (안 되 / 안 돼).

.

친구가 말해 주었는데,
또바기가 (넘어졌대 / 넘어졌데).

.

오늘은 (왠지 / 웬지) 기분이 좋아!

나 (어떻게 / 어떡해)?

?

2 배운 내용을 생각하여 빈칸을 채워 완성하고, 따라 써 봅시다.

➡ 병원에 [ ] 갈래.

[   ] .

➡ 2단 줄넘기는 쉽지 [ ] 다.

[   ] .

➡ 오늘은 [ ] 일로 일찍 일어났구나 !

[   ] !

➡ 할아버지, 어 [ ][ ] 지내세요 ?

[   ] ?

더 나아가기

비슷해서 헷갈려요 (돼요/되요)

1 그림에 알맞은 말이 되도록, 바르게 쓴 것에 ○표 해 봅시다.

왠일이야?
웬일이야?

안 먹어.
않 먹어.

어떡해!
다쳐서 어떻게!

2 1에서 찾아낸 낱말을 소리 내어 읽고, 빈칸에 써 봅시다.

1

2

3

3 정말 열심히 공부했어요. 지금까지 배운 내용을 생각하며, **2**에서 찾은 낱말들의 규칙을 스스로 정리해 봅시다.

이렇게
정리해요

우리말을 적는 가장 큰 규칙은 '소리대로 적되, (   )에 맞도록 적는다.'예요. 이 규칙을 '한글 맞춤법'이라고 해요. 어색하게 느껴지는 경우가 있더라도 정한 대로 써야 해요. '하지 말아야 한다.'라는 뜻으로 다른 사람에게 말할 때에는 '해서는 (   ).'라고 써야 해요.

보기

맞춤법   안 되   안 돼

4 부모님이나 선생님이 불러 주시는 말을 바르게 써 봅시다.

① _____ .

② _____ .

③ _____ **?**

④ _____ .

⑤ _____ .

메모

메모

또바기와 모도리의
야무진 한글 ④

2020년 2월 17일 초판 1쇄 인쇄
2020년 2월 24일 초판 1쇄 발행

지은이   이병규, 김혜진
그린이   백용원

펴낸이   양진오
펴낸곳   (주)교학사
주 소   서울특별시 마포구 마포대로 14길 4(사무소)
         서울특별시 금천구 가산디지털 1로 42(공장)
전 화   영업 (02) 7075-147 편집 (02) 7075-360
등 록   1962년 6월 26일 (18-7)
편 집   김선자
조 판   김예나
디자인   유보경

이 도서의 국립중앙도서관 출판시도서목록(CIP)은 서지정보유통지원시스템 홈페이지(http://seoji.nl.go.kr)와
국가자료공동목록시스템(http://www.nl.go.kr/kolisnet)에서 이용하실 수 있습니다. (CIP제어번호 : CIP2019014740)

이 책에 실린 동요는 한국음악저작권협회(KOMCA)의 승인을 받았습니다.
함께자람은 (주)교학사의 유아·어린이 책 브랜드입니다.

또바기와 모도리의

이병규 교수의
받아쓰기 편

야무진 한글 4

또바기와 모도리의

이병규 교수의
받아쓰기 편

야무진 한글 ④

글씨 쓰기 연습

함께자람

학년

식물

음식물

박물관

국물

먹는

음식물 쓰레기

속눈썹이 길다

아빠가 생각난다

속마음이 궁금하다

식물을 키우다

거짓말

닦는다

이튿날

옛날

빗물

빛나다

만화가 끝나다

재미있는 이야기

낮말은 새가 듣고
밤말은 쥐가 듣는다

한국을 빛낸 올림픽
선수들

흘끔흘끔　곁눈질하다

쌓는

쌓네

닿는

놓는

넣네

찢네

높이 높이 쌓는다

저금통에 동전을 넣
는다

긴 머리를 양 갈래
로 땋는다

달이 동그랗네

절구에 마늘을 찧는다

밥 물

앞마당

웁니다

접는다

입맛

숙제를 합니다

겁먹은 아이가 운다

삼겹살 굽는 냄새

제 동생이랍니다

앞문으로 들어가다

음료수

공룡

정리

대통령

승리

시원한 음료수

명령을 내리다

정리 정돈을 잘 한
다

졸려서　몽롱하다

아이스크림　종류가
다양하다

줄넘기

설날

실눈

실내화

연락해

뜨거운 난로

날카로운 칼날

까치까치 설날은 어
저께고요

원래대로 하자

달님에게 소원을 빌
다

값

못

넋

앉 지

얹 기

핥 고

훑 다

많이

끊어

끓이다

뚫어

많다

않다

끓고

닳고

무릎을 꿇다

값비싼 물건

싫증이 나다

의자에 앉는다

서로 나눠 가진 못

삶

앎

닮다

젊다

굶지

읊다

집을 옮기고

빨래를 삶다

자식은 부모를 닮는
다

조용히 시를 읊는다

나보다 훨씬 젊다

앉아

앉은

닭을

값이

짧아

삶으니

꼬꼬댁 닭이 운다

예의 바른 젊은이

힘들면 앉아서 쉬어

사탕을 핥아먹다

독립운동가의 넋을
기리다

넓다

넓고

넓죽하다

여덟

짧다

얇다

떫다

밟다

밟고

넓죽한 코

옷이 얇다

자전거 페달을 밟다

문어는 다리가 여덟
개

키가 커서 바지가

짧네

맑다

맑지

맑고

닭

흙

산기슭

읽다

밝다

읽기

늙고

밝기

굵기

나무가 굵다

노을 진 하늘이 붉
다

낡고 오래된 골동품

눈동자가 맑고 또렷

하다

칡뿌리를　캐다

나뭇가지

촛불

젓가락

바닷가

햇살

깃발

촛불을 켜다

햇살이 눈부시다

하늘에 샛별이 빛난
다

바닷바람이 부는 해변

머리카락이 귓등을 덮다

빗물

양칫물

잇몸

송곳니

콧날

뒷머리

68

나뭇잎

깻잎

베갯잇

뒷일

잇몸이 시리다

윗니, 아랫니를 골
고루 닦다

콧물감기에 걸리다

제삿날에는 친척이
모인다

나뭇잎이 노랗게 물
들다

할 　거야

어찌할 　바

할수록

할지 　말지

내가 　할게

잘할 수 있다

조금만 먹을 걸

나는 우주 비행사가
될 거야

착한 일은 많이 할

수록 좋다

반가이

곰곰이

깨끗이

깊숙이

조용히

정확히

넉넉히

열심히

솔직히 말해서

깨끗이 청소하다

가만히 있다

열심히 노력하다

음식을 넉넉히 준비하다

새다

세다

매다

메다

붙이다

부치다

저리다

절이다

마치다

맞히다

맞추다

바치다

받히다

받치다

식히다

깁다

늘이다

달이다

매듭을 꽉 매다

편지를 부치다

배추를 소금에 절이
다

안경을 새로 맞추다

고무줄을 잡아 늘이
다

위층

윗집

웃어른

멋쟁이

대장장이

먹든지 말든지

배고팠던지

친구로서

칼로써

나의 바람대로 눈이
내린다

윗집에 이사 온 이
웃

친구로서 무엇이든
도와줄게

사과든지 배든지

그릇을 만드는 옹기
장이

안 돼

안 되

안 한다

하지 않다

어떻게

어떡해

했대

했데

웬지

웬지

낯선 사람을 따라가
면 안 돼

깜깜해도 겁나지 않

아

이 퍼즐은 어떻게
맞추지

왠지 수박이 먹고
싶다

선생님께서 너 잘
했대

48

또바기와 모도리의

이병규 교수의
받아쓰기 편

야무진 한글 ❹

야무진
한글

또바기와 모도리의

이병규 교수의
받아쓰기 편

야무진 한글 ④

정답

함께자람

56 왜 그럴까요? 콧소리로 바뀌어 소리 나요 (학년/항년)

1 모도리가 글자를 지우고 다시 써야 하는 이유가 무엇일지 생각해 봅시다.

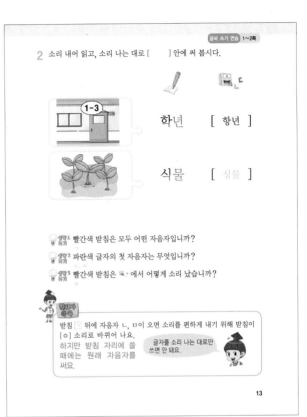

2 소리 내어 읽고, 소리 나는 대로 [   ] 안에 써 봅시다.

학년 [항년]

식물 [싱물]

생각1 빨간색 받침은 모두 어떤 자음자입니까?
생각2 파란색 글자의 첫 자음자는 무엇입니까?
생각3 빨간색 받침은 에서 어떻게 소리 났습니까?

얼렁뚱땅 약속
받침 ㄱ 뒤에 자음자 ㄴ, ㅁ이 오면 소리를 편하게 내기 위해 받침이 [ㅇ] 소리로 바뀌어 나요. 하지만 받침 자리에 쓸 때에는 원래 자음자를 써요.

글자를 소리 나는 대로만 쓰면 안 돼요.

13

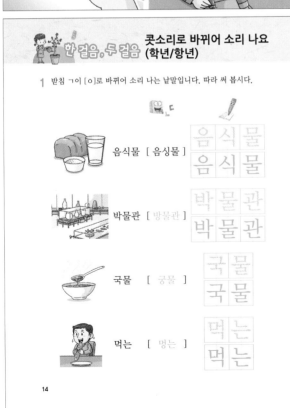

한 걸음, 두 걸음 콧소리로 바뀌어 소리 나요 (학년/항년)

1 받침 ㄱ이 [ㅇ]로 바뀌어 소리 나는 낱말입니다. 따라 써 봅시다.

음식물 [음싱물]

박물관 [방물관]

국물 [궁물]

먹는 [멍는]

14

2 반대말을 바르게 쓴 것을 선으로 이어 봅시다.

첫째 ── 막내 / 망내

동물 ── 싱물 / 식물

외국 ── 국내 / 궁내

실명 ── 잉명 / 익명

모도리

15

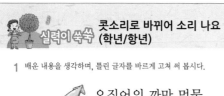

콧소리로 바뀌어 소리 나요 (학년/항년)

1 배운 내용을 생각하며, 틀린 글자를 바르게 고쳐 써 봅시다.

오징어의 까만 멍물
오징어의 까만 먹물

벽에 못을 방는다.
벽에 못을 박는다.

남의 말에 잘 송는다.
남의 말에 잘 속는다.

장년보다 키기 컸어.
작년보다 키가 컸어.

16

2 틀린 말을 〈보기〉처럼 바르게 고쳐 써 봅시다. 그리고 완성된 문장을 소리 내어 읽어 봅시다.

〈보기〉
가족과 싱물원에 왔어요.
가족과 식물원에 왔어요.

궁물이 매워요.
국물이 매워요.

나는 우리 집의 망내예요.
나는 우리 집의 막내예요.

방물관에 가고 싶어요.
박물관에 가고 싶어요.

17

콧소리로 바뀌어 소리 나요 (학년/항년)

1 낱말이 완성되도록 〈보기〉에서 알맞은 글자를 골라 빈칸에 써 봅시다.

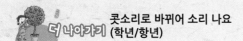
〈보기〉
먹   속   국

①속	마	음		④먹
눈			⑤국	물
썹				

2 1에서 찾아낸 낱말을 소리 내어 읽고, 빈칸에 써 봅시다.

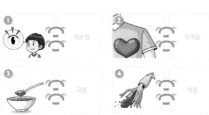
① 속눈썹
② 속마음
③ 국물
④ 먹물

18

3 정말 열심히 공부했어요. 지금까지 배운 내용을 생각하며, 2에서 찾은 낱말들의 규칙을 스스로 정리해 봅시다.

받침 ㄱ 뒤에 자음자 ㄴ, ㅁ이 오면 소리를 편하게 내기 위해 받침이 [ㅇ]로 바뀌어 소리 나요. 하지만 받침 자리에 쓸 때에는 원래 자음자를 써요.

〈보기〉
ㄱ   ㅇ

4 부모님이나 선생님이 불러 주시는 말을 바르게 써 봅시다.

① 음식물 쓰레기
② 속눈썹이 길다
③ 아빠가 생각난다
④ 속마음이 궁금하다
⑤ 식물을 키우다

19

2

57 왜 그럴까요? 콧소리로 바뀌어 소리 나요 (거짓말/거진말)

1. 모도리가 또바기에게 한글을 더 열심히 가르쳐 주어야겠다고 다짐한 이유가 무엇일지 생각해 봅시다.

내가 거진말을 해서 미안

한글을 더
열심히 가르쳐
주어야겠어!

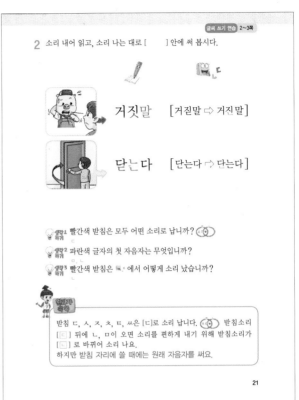

2. 소리 내어 읽고, 소리 나는 대로 [ ] 안에 써 봅시다.

거짓말 [거짇말 ⇨ 거진말]

닫는다 [닫는다 ⇨ 단는다]

💡생각1 빨간색 받침은 모두 어떤 소리로 납니까?

💡생각2 파란색 글자의 첫 자음자는 무엇입니까?

💡생각3 빨간색 받침은 💬에서 어떻게 소리 났습니까?

열려라 낱말

받침 ㄷ, ㅅ, ㅈ, ㅊ, ㅌ, ㅆ은 [ㄷ]로 소리 납니다. 받침소리 [ㄷ] 뒤에 ㄴ, ㅁ이 오면 소리를 편하게 내기 위해 받침소리가 [ㄴ]로 바뀌어 소리 나요.
하지만 받침 자리에 쓸 때에는 원래 자음자를 써요.

21

한 걸음, 두 걸음 콧소리로 바뀌어 소리 나요 (거짓말/거진말)

1. 받침소리 [ㄷ]가 [ㄴ]로 바뀌어 소리 나는 낱말입니다. 따라 써 봅시다.

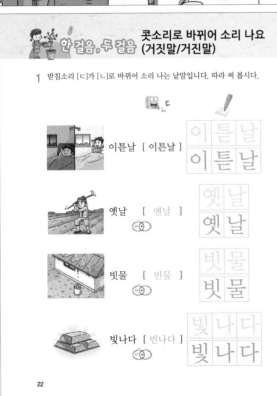

이튿날 [이튼날]
이튿날
이튿날

옛날 [옌날]
옛날
옛날

빗물 [빈물]
빗물
빗물

빛나다 [빈나다]
빛나다
빛나다

22

---

2. 소리 내어 읽고, 바르게 쓴 것에 ○표 해 봅시다.

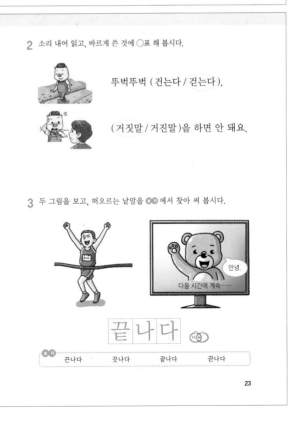

뚜벅뚜벅 (걷는다 / 걸는다).

(거짓말 / 거진말)을 하면 안 돼요.

3. 두 그림을 보고, 떠오르는 낱말을 🔵에서 찾아 써 봅시다.

안녕.

다음 시간에 계속……

끝나다

🔵 끈나다   끗나다   끝나다   끝나다

23

3

콧소리로 바뀌어 소리 나요
(거짓말/거진말)

1 틀린 글자를 바르게 고쳐 써 봅시다.

이튿날 아침

이 튿 날 아침

반짝반짝 빈나는 별

반짝반짝 빛 나 는 별

재미있는 난말 놀이

재미있는 낱 말 놀이

빈물이 흘러 강으로

빗 물 이 흘러 강으로

24

---

2 이야기를 읽고, 틀린 부분을 찾아 ○표 해 봅시다.

토끼와 거북이

옛날에 토끼가 살았어요. 토끼는 매일 거북이가 느리다고 놀렸어요.
"너는 느릿느릿 건는구나!"
이 말을 듣고 화가 난 거북이는 토끼에게 달리기 시합을 하자고 했어요.

3 2에서 ○표 한 낱말이 들어 있는 문장을 바르게 고쳐 써 봅시다.

❶ 옛날에 토끼가 살았어요 .

❷ 너는 느릿느릿 걷는구나 !

25

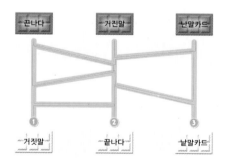

콧소리로 바뀌어 소리 나요
(거짓말/거진말)

1 사다리를 타고 내려가서 바르게 쓴 낱말과 연결해 봅시다.

끈나다   거진말   난말카드

①   ②   ③

거짓말   끝나다   낱말카드

2 1에서 찾아낸 낱말을 소리 내어 읽고, 빈칸에 써 봅시다.

① 거짓말   ② 끝나다   ③ 낱말카드

---

3 정말 열심히 공부했어요. 지금까지 배운 내용을 생각하며, 2에서 찾은 낱말들의 규칙을 스스로 정리해 봅시다.

받침소리 [ㄷ] 뒤에 자음자 ㄴ, ㅁ이 오면 소리를 편하게 내기 위해서 받침소리가 [ㄴ]로 바뀌어 소리 나요. 하지만 받침 자리에 쓸 때에는 원래 자음자를 써요.

ㄴ   ㄷ

4 부모님이나 선생님이 불러 주시는 말을 바르게 써 봅시다.

❶ 만화가 끝나다 .

❷ 재미있는 이야기 .

❸ 낮말은 새가 듣고 밤말은 쥐가 듣는다 .

❹ 한국을 빛낸 올림픽 선수들 .

❺ 흘끔흘끔 곁눈질하다 .

27

4

58 왜 그럴까요? ㄴ 소리로 바뀌어 소리 나요 (쌓는/싼는)

1 또바기가 알려 준 블록 쌓는 방법을 친구가 잘 이해하지 못한 이유를 생각하여 봅시다.

우아, 정말 잘 한다. 나도 알려 줄 수 있어?

물론이지. 어떻게 하는 거냐면……

앗! 집에 가야 할 시간이네. 어떡하지?

쌓는 거야?

내가 문자 메시지로 나머지 방법을 알려 줄게.

바닥에 다섯 개를 쌓는 거야.

---

2 와 를 비교해 봅시다.

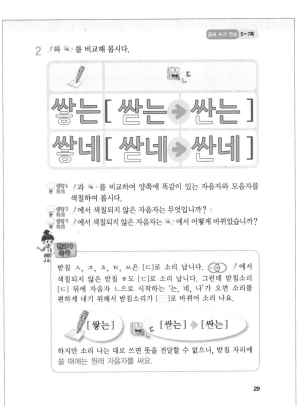

쌓는 [싿는 ➡ 싼는]
쌓네 [싿네 ➡ 싼네]

💡 **생각하기 1** 과 를 비교하여 양쪽에 똑같이 있는 자음자와 모음자를 색칠하여 봅시다.

💡 **생각하기 2** 에서 색칠되지 않은 자음자는 무엇입니까?

💡 **생각하기 3** 에서 색칠되지 않은 자음자는 에서 어떻게 바뀌었습니까?

또바기가 알려 줘요

받침 ㅅ, ㅈ, ㅊ, ㅌ, ㅆ은 [ㄷ]로 소리 납니다. 에서 색칠되지 않은 받침 ㅎ도 [ㄷ]로 소리 납니다. 그런데 받침소리 [ㄷ] 뒤에 자음자 ㄴ으로 시작하는 '는, 네, 나'가 오면 소리를 편하게 내기 위해서 받침소리가 [ㄴ]로 바뀌어 소리 나요.

[쌓는]   [싿는] ➡ [싼는]

하지만 소리 나는 대로 쓰면 뜻을 전달할 수 없으니, 받침 자리에 쓸 때에는 원래 자음자를 써요.

29

한 걸음, 두 걸음 ㄴ 소리로 바뀌어 소리 나요 (쌓는/싼는)

1 받침 ㅎ이 [ㄴ]로 바뀌어 소리 나는 낱말입니다. 따라 써 봅시다.

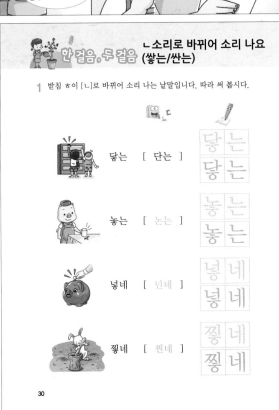

닿는 [단는] 닿는 / 닿는

놓는 [논는] 놓는 / 놓는

넣네 [넌네] 넣네 / 넣네

찧네 [찐네] 찧네 / 찧네

30

---

2 그림에 맞게 틀린 말을 고쳐 써 봅시다.

쌀을 빻는 기계
⬇
쌀을 빻는 기계

키가 커서 손이 닿나 봐.
⬇
키가 커서 손이 닿나 봐.

31

5

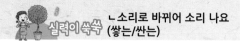

ㄴ 소리로 바뀌어 소리 나요
(쌓는/싼는)

1 받침 ㅎ이 [ㄴ]로 바뀌어 소리 나는 낱말입니다. 배운 내용을 생각하며, 틀린 글자를 바르게 고쳐 써 봅시다.

머리를 딴는
머리를 딿는

절구에 쌀을 찐는다.
절구에 쌀을 찧는다.

컵을 식탁 위에 논는다.
컵을 식탁 위에 놓는다.

저금통에 동진을 넌네.
저금통에 동전을 넣네.

32

2 틀린 말을 《보기》처럼 바르게 고쳐 써 봅시다. 그리고 완성된 문장을 소리 내어 읽어 봅시다.

《보기》
아기를 침대에 내려논네.
아기를 침대에 내려놓네.

탑을 싼나 봐.
탑을 쌓나 봐.

새는 알을 난는다.
새는 알을 낳는다.

차에 기름을 넌는다.
차에 기름을 넣는다.

33

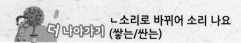

ㄴ 소리로 바뀌어 소리 나요
(쌓는/싼는)

1 《입》를 따라 읽어 보고, 빈칸에 알맞은 자음자를 써 봅시다.

① [싼네] ➡ 쌓네

② [넌는다] ➡ 넣는다

2 1에서 찾아낸 낱말을 소리 내어 읽고, 빈칸에 써 봅시다.

3 정말 열심히 공부했어요. 지금까지 배운 내용을 생각하며, 2에서 찾은 낱말들의 규칙을 스스로 정리해 봅시다.

받침 ㅎ 뒤에 자음자 ㄴ으로 시작하는 '는, 네, 나'가 오면 소리를 편하게 내기 위해 받침소리가 [ㄴ]로 바뀌어 소리 나요. 하지만 소리 나는 대로 쓰면 뜻을 전달할 수 없으니 받침 자리에 쓸 때에는 원래 자음자를 써요.

《보기》 ㅎ → ㄴ

4 부모님이나 선생님이 불러 주시는 말을 바르게 써 봅시다.

① 높이 높이 쌓는다
② 저금통에 동전을 넣는다
③ 긴 머리를 양 갈래로 땋는다
④ 달이 동그랗네
⑤ 절구에 마늘을 찧는다

35

6

왜 그럴까요? 59

콧소리로 바뀌어 소리 나요 (밥물/밤물)

-1 모도리와 또바기가 생각하는 것이 다른 이유가 무엇일지 생각해 봅시다.

---

2 소리 내어 읽고, 소리 나는 대로 [ ] 안에 써 봅시다.

글씨 쓰기 연습 7~9쪽

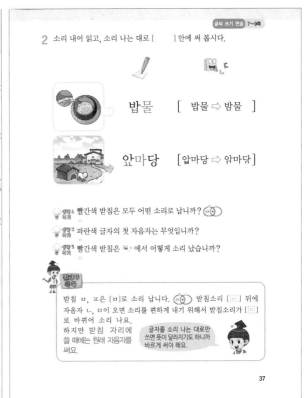

밥물 [밥물 ⇨ 밤물]

앞마당 [압마당 ⇨ 암마당]

생각하기1 빨간색 받침은 모두 어떤 소리로 납니까?

생각하기2 파란색 글자의 첫 자음자는 무엇입니까?

생각하기3 빨간색 받침은 에서 어떻게 소리 났습니까?

알면가 좋아

받침 ㅂ, ㅍ은 [ㅂ]로 소리 납니다. 받침소리 [ㅂ] 뒤에 자음자 ㄴ, ㅁ이 오면 소리를 편하게 내기 위해서 받침소리가 [ㅁ]로 바뀌어 소리 나요.
하지만 받침 자리에 쓸 때에는 원래 자음자를 써요.

글자를 소리 나는 대로만 쓰면 뜻이 달라지기도 하니까 바르게 써야 해요.

37

한 걸음, 두 걸음

콧소리로 바뀌어 소리 나요 (밥물/밤물)

1 받침소리 [ㅂ]가 [ㅁ]로 바뀌어 소리 나는 낱말입니다. 따라 써 봅시다.

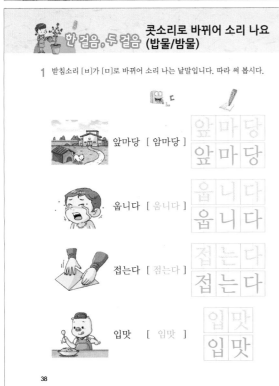

앞마당 [암마당]

| 앞 | 마 | 당 |
| 앞 | 마 | 당 |

웁니다 [움니다]

| 웁 | 니 | 다 |
| 웁 | 니 | 다 |

접는다 [점는다]

| 접 | 는 | 다 |
| 접 | 는 | 다 |

입맛 [임맛]

| 입 | 맛 |
| 입 | 맛 |

38

---

2 소리 내어 읽고, 바르게 쓴 것을 선으로 이어 봅시다.

• 밤맛이 좋다.

• 밥맛이 좋다.

• 입냄새가 나는

• 임냄새가 나는

• 파리를 잡는다.

• 파리를 잠는다.

• 껌을 씹는다.

• 껌을 씸는다.

39

7

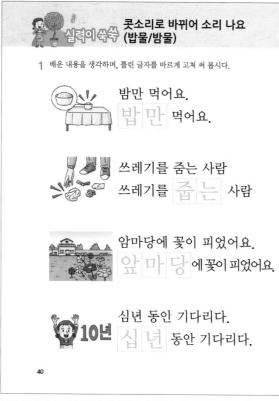

실력이 쑥쑥 콧소리로 바뀌어 소리 나요 (밥물/밤물)

1 배운 내용을 생각하며, 틀린 글자를 바르게 고쳐 써 봅시다.

밤만 먹어요.
밥만 먹어요.

쓰레기를 줍는 사람
쓰레기를 줍는 사람

암마당에 꽃이 피었어요.
앞마당에 꽃이 피었어요.

심년 동안 기다리다.
십년 동안 기다리다.

40

2 틀린 말을 〈보기〉처럼 바르게 고쳐 써 봅시다. 그리고 완성된 문장을 소리 내어 읽어 봅시다.

〈보기〉
친구와 게임을 합니다.
친구와 게임을 합니다.

학교에 감니다.
학교에 갑니다.

오늘은 날씨가 춤네요.
오늘은 날씨가 춥네요.

검먹은 사슴이 숨는다.
겁먹은 사슴이 숨는다.

41

더 나아가기 콧소리로 바뀌어 소리 나요 (밥물/밤물)

1 그림에 알맞은 문장이 되도록 빈칸을 채워 봅시다.

흰머리를 뽑는다.

아빠가 고기를 굽는다.

42

2 정말 열심히 공부했어요. 지금까지 배운 내용을 생각하며, 1에서 찾은 낱말들의 규칙을 스스로 정리해 봅시다.

이렇게 정리해요

받침소리 [ㅂ] 뒤에 ㄴ, ㅁ이 오면 소리를 편하게 내기 위해서 받침소리가 [ㅁ]로 바뀌어 소리 나요. 하지만 받침 자리에 쓸 때에는 원래 (자음자)를 써요.

〈보기〉   ㅁ   자음자   ㅂ

3 부모님이나 선생님이 불러 주시는 말을 바르게 써 봅시다.

1 숙제를 합니다.

2 겁먹은 아이가 운다.

3 삼겹살 굽는 냄새.

4 제 동생이랍니다.

5 앞문으로 들어가다.

43

8

60 왜 그럴까요?

콧소리로 바뀌어 소리 나요 (음료수/음뇨수)

또바기가 보낸 문자 메시지의 허는 부분을 고쳐야 또바기가 선물을 받게 될지 생각해 봅시다.

엄마 어디예요?

마트야.

엄마 어디예요?

마트야.

음뇨수 사 주세요.

음뇨수 사 주세요.

그래, 근데 방금 보낸 문자에서 틀린 부분 고치면 사 줄게.

?

글씨 쓰기 연습 9~11쪽

2 소리 내어 읽고, 소리 나는 대로 [　] 안에 써 봅시다.

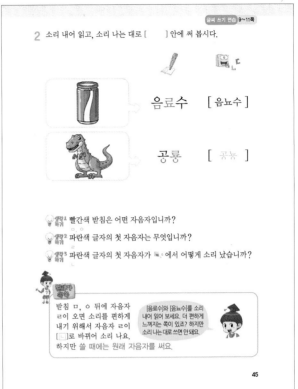

음료수 [음뇨수]

공룡 [공뇽]

💡생각톡톡 빨간색 받침은 어떤 자음자입니까?

💡생각톡톡 파란색 글자의 첫 자음자는 무엇입니까?

💡생각톡톡 파란색 글자의 첫 자음자가 　 에서 어떻게 소리 났습니까?

받침 ㅁ, ㅇ 뒤에 자음자 ㄹ이 오면 소리를 편하게 내기 위해서 자음자 ㄹ이 [ㄴ]로 바뀌어 소리 나요. 하지만 쓸 때에는 원래 자음자를 써요.

[음료수]와 [음뇨수]를 소리 내어 읽어 보세요. 더 편하게 느껴지는 쪽이 있죠? 하지만 소리 나는 대로 쓰면 안돼요.

45

한 걸음, 두 걸음

콧소리로 바뀌어 소리 나요 (음료수/음뇨수)

1 자음자 ㄹ이 [ㄴ]로 바뀌어 소리 나는 낱말입니다. 따라 써 봅시다.

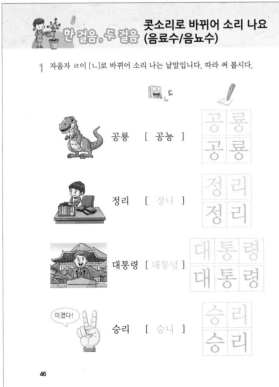

공룡 [공뇽] 　공룡 / 공룡

정리 [정니] 　정리 / 정리

대통령 [대통녕] 　대통령 / 대통령

이겼다!

승리 [승니] 　승리 / 승리

46

---

2 소리 내어 읽고, 바르게 쓴 것에 ○표 해 봅시다.

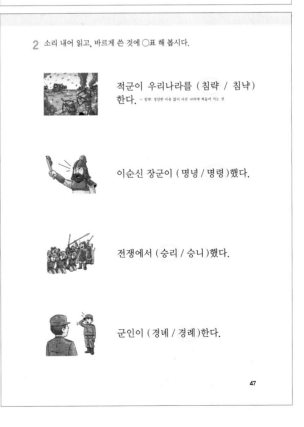

적군이 우리나라를 (침략 / 침냑) 한다. → 침략: 정당한 이유 없이 다른 나라에 쳐들어 가는 것

이순신 장군이 (명녕 / 명령)했다.

전쟁에서 (승리 / 승니)했다.

군인이 (경녜 / 경례)한다.

47

9

실력이 쑥쑥
콧소리로 바뀌어 소리 나요 (음료수/음뇨수)

1 배운 내용을 생각하며, 틀린 글자를 바르게 고쳐 써 봅시다.

책상 정니를 해요.
책상 정리 를 해요.

음뇨수를 마신다.
음료수 를 마신다.

우리나라의 대통녕
우리나라의 대통령

경기에서 승니했다.
경기에서 승리 했다.

48

---

2 또바기의 일기를 읽고, 틀린 부분에 ○표 해 봅시다.

20××년 ×월 ×일 ×요일   날씨:

제목: 신기한 꿈
꿈속에서 공뇽을 보았다. 그중에 티라노사
우루스와 친구가 되었다.
나는 티라노사우루스 등에 타고 달렸다.
음뇨수도 마셨다. 옷에 쏟는 바람에 잠에서
깼다. 또 꿈을 꾸고 싶었다.

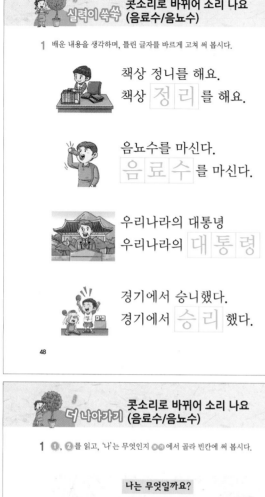

3 2에서 ○표 한 낱말이 들어 있는 문장을 바르게 고쳐 써 봅시다.

① 꿈속에서 공룡을 보았다 .

② 음료수도 마셨다 .

49

더 나아가기
콧소리로 바뀌어 소리 나요 (음료수/음뇨수)

1 ①, ②를 읽고, '나'는 무엇인지 보기 에서 골라 빈칸에 써 봅시다.

나는 무엇일까요?

① 나는 아주 오래 전 사람들이 지구에 살기 전에 지구에서 살다가 사라졌어요.

② 티라노사우루스, 브라키오사우루스 등이 유명해요.

보기   공뇽   공용   공룡

공 룡

---

2 정말 열심히 공부했어요. 지금까지 배운 내용을 생각하며, 1에서 찾은 낱말들의 규칙을 스스로 정리해 봅시다.

이렇게 정리해요

받침 ㅁ, ㅇ 뒤에 자음자 ㄹ이 오면 소리를 편하게 내기 위해서 자음자 ㄹ이 [ㄴ]로 바뀌어 소리 나요. 하지만 쓸 때에는 원래 자음자를 써요.

보기   ㄴ   ㄹ

3 부모님이나 선생님이 불러 주시는 말을 바르게 써 봅시다.

① 시원한 음료수

② 명령을 내리다 .

③ 정리 정돈을 잘 한다 .

④ 졸려서 몽롱하다 .

⑤ 아이스크림 종류가 다양하다 .

51

61 왜 그럴까요?

흐름소리로 바뀌어 소리 나요
(줄넘기/줄럼끼)

1 또바기가 세운 생활 계획표에서 고쳐야 할 낱말이 무엇인지 생각해 봅시다.

앞으로는 생활 계획표대로 꼭 실천할 거야!

2 소리 내어 읽고, 소리 나는 대로 [　] 안에 써 봅시다.

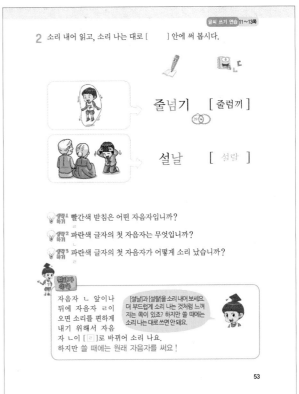

줄넘기 [줄럼끼]

설날 [설랄]

💡생각1 빨간색 받침은 어떤 자음자입니까?

💡생각2 파란색 글자의 첫 자음자는 무엇입니까?

💡생각3 파란색 글자의 첫 자음자가 어떻게 소리 났습니까?

자음자 ㄴ 앞이나 뒤에 자음자 ㄹ이 오면 소리를 편하게 내기 위해서 자음 자 ㄴ이 [ㄹ]로 바뀌어 소리 나요. 하지만 쓸 때에는 원래 자음자를 써요!

[설날]과 [설랄]을 소리 내어 보세요. 더 부드럽게 소리 나는 것처럼 느껴 지는 쪽이 있죠? 하지만 쓸 때에는 소리 나는 대로 쓰면 안돼요.

53

한 걸음, 두 걸음

흐름소리로 바뀌어 소리 나요
(줄넘기/줄럼끼)

1 ㄴ이 [ㄹ]로 바뀌어 소리 나는 낱말입니다. 따라 써 봅시다.

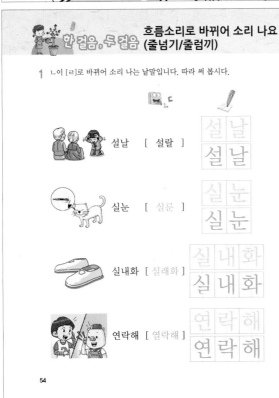

설날 [설랄]

| 설 | 날 |
| 설 | 날 |

실눈 [실룬]

| 실 | 눈 |
| 실 | 눈 |

실내화 [실래화]

| 실 | 내 | 화 |
| 실 | 내 | 화 |

연락해 [열락해]

| 연 | 락 | 해 |
| 연 | 락 | 해 |

54

2 소리 내어 읽고, 바르게 쓴 것에 ○표 해 봅시다.

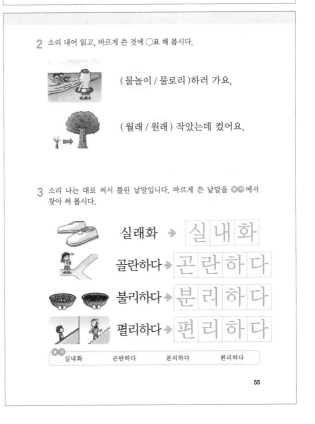

(물놀이 / 물로리)하러 가요.

(월래 / 원래) 작았는데 컸어요.

3 소리 나는 대로 써서 틀린 낱말입니다. 바르게 쓴 낱말을 보기에서 찾아 써 봅시다.

실래화 ➡ | 실 | 내 | 화 |

골란하다 ➡ | 곤 | 란 | 하 | 다 |

불리하다 ➡ | 분 | 리 | 하 | 다 |

펼리하다 ➡ | 편 | 리 | 하 | 다 |

보기   실내화   곤란하다   분리하다   편리하다

55

11

실력이 쑥쑥 — 흐름소리로 바뀌어 소리 나요 (줄넘기/줄럼끼)

1 배운 내용을 생각하며, 틀린 글자를 바르게 고쳐 써 봅시다.

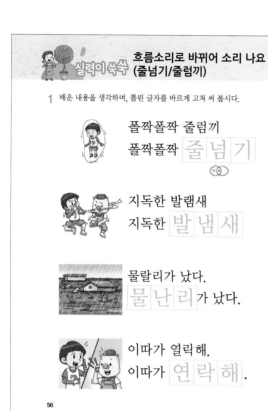

폴짝폴짝 줄럼끼
폴짝폴짝 **줄 넘 기**

지독한 발램새
지독한 **발 넴 새**

물랄리가 났다.
물 난 리 가 났다.

이따가 열릭해.
이따가 **연 락 해** .

56

---

2 「콩쥐팥쥐」 이야기의 일부입니다. 이야기를 읽고, 틀린 부분에 ○표 해 봅시다.

팥쥐와 팥쥐 엄마는 콩쥐에게 할 일을 잔뜩 주고 잔치에 갔어요. 산더미처럼 쌓여 있는 콩과 팥을 가리키며 팥쥐가 말했어요.
"콩과 팥을 불리해."
이번에는 팥쥐 엄마가 말했어요.
"우리가 돌아올 때까지 다 해 놓으렴!"
이 말을 들은 콩쥐는 슬퍼하며 말했어요.
"혼자 하기에는 골란해."

3 2에서 ○표 한 말이 들어 있는 문장을 바르게 고쳐 써 봅시다.

① 콩과 팥을 분리해 .

② 혼자 하기에는 곤란해요 .

57

더 나아가기 — 흐름소리로 바뀌어 소리 나요 (줄넘기/줄럼끼)

1 옛날과 비교하여 오늘날의 생활이 어떻게 변화하였는지 보기 에서 골라 빈칸에 써 봅시다.

옛날   오늘날

보기
편리   편리

편 리

58

---

2 정말 열심히 공부했어요. 지금까지 배운 내용을 생각하며, 1에서 찾은 낱말들의 규칙을 스스로 정리해 봅시다.

어떻게 정리할까요

자음자 ㄴ 앞이나 뒤에 자음자 ㄹ이 오면 소리를 편하게 내기 위해서 자음자 ☐ 이 [☐]로 바뀌어 소리 나요. 하지만 쓸 때에는 원래 자음자를 써요.

보기
ㄹ   ㄴ

3 부모님이나 선생님이 불러 주시는 말을 바르게 써 봅시다.

① 뜨거운 난로

② 날카로운 칼날

③ 까치까치 설날은 어저께고요 .

④ 원래대로 하자 .

⑤ 달님에게 소원을 빌다 .

59

62 왜 그럴까요?

겹받침의 앞 자음자가 소리 나요(앉는다/안는다)

1 또바기가 본 낱말을 어떻게 읽어야 하는지 생각해 봅시다.

앗! 이런 글자도 있어?

그렇구나, 겹받침은 어떻게 소리를 내지?

응, 자음자 두 개가 모여 받침이 된 것을 '겹받침'이라고 해.

---

2 낱말의 소리를 듣고 [ ] 안에 쓴 뒤, 따라 읽어 봅시다. 그러고 나서 받침 자리에서 소리 나는 자음자에 ○표 해 봅시다.

소리 나는 자음자

값 ➡ [갑] (ⓑ , ㅅ)

몫 ➡ [목] (ㄱ , ㅅ)

생각넓히기¹ 겹받침은 받침 자리에서 앞과 뒤의 자음자가 둘 다 소리 날까요? 하나만 소리 날까요?
하나만 소리 난다

생각넓히기² 받침 자리에서 겹받침의 앞과 뒤의 자음자 중 어느 쪽 자음자로 소리 납니까?
앞

더알고가요 정리

서로 다른 자음자 두 개가 받침 자리에 쓰인 것을 '겹받침'이라고 합니다. 겹받침은 두 자음자 중 하나만 소리 나요. '값'에서 겹받침 ㅄ은 ㅂ과 ㅅ 중에 앞에 있는 [ㅂ]가 소리 나요. 이렇게 겹받침 중에는 앞 자음자가 소리 나는 것이 있어요. 하지만 쓸 때에는 겹받침 두 개의 자음자를 모두 써요.

63

한 걸음, 두 걸음

겹받침의 앞 자음자가 소리 나요(앉는다/안는다)

1 소리 내어 따라 읽고, 받침소리가 되는 자음자에 ○표 해 봅시다. 그러고 나서 따라 써 봅시다.

소리 나는 자음자

 값 (ⓑ , ㅅ) 값 값

 몫 (ㄱ , ㅅ) 몫 몫

 넋 (ㄱ , ㅅ) 넋 넋

생각넓히기¹ 겹받침의 앞과 뒤 자음자 중 어느 것이 소리 났는지 알맞은 쪽에 ○표 해 봅시다.
(앞 , 뒤)

생각넓히기² 앞의 받침으로 소리 나는 겹받침에 무엇이 있는지, 알게 된 겹받침을 ( ) 안에 써 봅시다.
(ㅄ , ㄳ)

64

---

2 소리 내어 따라 읽고, 받침소리가 되는 자음자에 ○표 해 봅시다. 그러고 나서 따라 써 봅시다.

소리 나는 자음자

 앉지 (ㄴ , ㅈ) 앉지 앉지

 얹기 (ㄴ , ㅈ) 얹기 얹기

 핥고 (ㄹ , ㅌ) 핥고 핥고

 훑다 (ㄹ , ㅌ) 훑다 훑다

생각넓히기¹ 겹받침의 앞과 뒤 자음자 중 어느 것이 소리 났는지 알맞은 쪽에 ○표 해 봅시다.
(앞 , 뒤)

생각넓히기² 앞의 받침으로 소리 나는 겹받침에 무엇이 있는지, 알게 된 겹받침을 ( ) 안에 써 봅시다.
(ㄵ , ㄾ)

65

3 소리 내어 따라 읽고, 받침소리가 되는 자음자에 ○표 해 봅시다. 그러고 나서 따라 써 봅시다.

소리 나는 자음자

많이   (ㄴ , ㅎ)   많이 / 많이

끊어   (ㄴ , ㅎ)   끊어 / 끊어

끓이다   (ㄹ , ㅎ)   끓이다 / 끓이다

뚫어   (ㄹ , ㅎ)   뚫어 / 뚫어

💡1 겹받침의 앞과 뒤 자음자 중 어느 것이 소리 났는지 알맞은 쪽에 ○표 해 봅시다. (앞 , 뒤)

💡2 앞의 받침으로 소리 나는 겹받침에 무엇이 있는지, 알게 된 겹받침을 ( ) 안에 써 봅시다. (ᆭ , ᆶ)

66

4 소리 내어 따라 읽고, 받침소리가 되는 자음자에 ○표 해 봅시다. 그러고 나서 따라 써 봅시다.

소리 나는 자음자

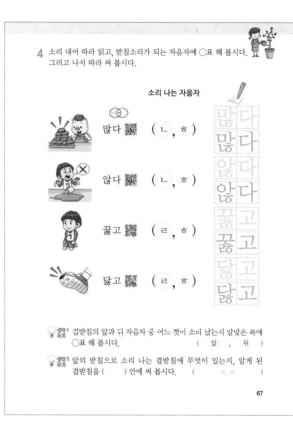

많다   (ㄴ , ㅎ)   많다 / 많다

않다   (ㄴ , ㅎ)   않다 / 않다

끓고   (ㄹ , ㅎ)   끓고 / 끓고

닳고   (ㄹ , ㅎ)   닳고 / 닳고

💡1 겹받침의 앞과 뒤 자음자 중 어느 것이 소리 났는지 알맞은 쪽에 ○표 해 봅시다. (앞 , 뒤)

💡2 앞의 받침으로 소리 나는 겹받침에 무엇이 있는지, 알게 된 겹받침을 ( ) 안에 써 봅시다. (ᆭ , ᆶ)

67

실력이 쑥쑥   겹받침의 앞 자음자가 소리 나요(앉는다/안는다)

1 ㄺ받침, ㄼ받침을 다시 살펴보고, 받침 자리에서 앞 자음자가 소리 나는 겹받침에는 무엇이 있는지 정리해 봅시다.

겹받침	소리 나는 자음자	겹받침	소리 나는 자음자
ㅄ	ㅂ , ㅅ	ㄾ	ㄹ , ㅌ
ㄳ	ㄱ , ㅅ	ㄶ	ㄴ , ㅎ
ㄵ	ㄴ , ㅈ	ㅀ	ㄹ , ㅎ

2 그림에 알맞은 말이 되도록 빈칸에 겹받침을 써 봅시다.

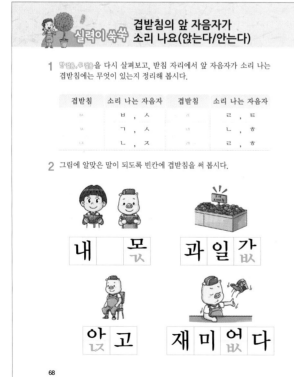

내   몫

과일 값

앉고

재미없다

68

3 배운 내용을 생각하며, 틀린 글자를 바르게 고쳐 써 봅시다.

전화를 끈코
전화를   끊고

고양이가 가엽따.
고양이가   가엾다.

물이 팔팔 끌른다.
물이 팔팔   끓는다.

내가 하지 아나써.
내가 하지   않았어

강아지가 볼을 할른다.
강아지가 볼을   핥는다.

69

14

겹받침의 앞 자음자가 소리 나요(앉는다/안는다)

더 나아가기

1 글자 카드로 낱말을 만들어 빈칸에 바르게 써 봅시다. 완성된 낱말을 소리 내어 읽고, 받침이 어느 자음자로 소리 나는지 써 봅시다.

① 았 앉 다

② 끓 다 는

③ 삯 뱃

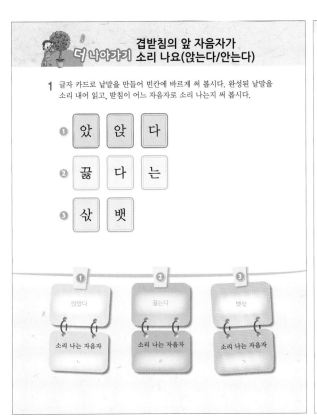

①	②	③
앉았다	끓는다	뱃삯
소리 나는 자음자	소리 나는 자음자	소리 나는 자음자

2 정말 열심히 공부했어요. 지금까지 배운 내용을 생각하며, 1에서 찾은 낱말들의 규칙을 스스로 정리해 봅시다.

이렇게 배워요

앞 자음자가 소리 나는 겹받침에는 ㄳ, ㄵ, ㄶ, ㄽ, ㄿ이 있습니다. 겹받침은 두 자음자 중 하나만 소리 나지만, 쓸 때에는 두 개의 자음자를 모두 써요.

예시 | ㅄ | ㄶ | ㄼ |

3 부모님이나 선생님이 불러 주시는 말을 바르게 써 봅시다.

① 무릎을 꿇다 .

② 값비싼 물건

③ 싫증이 나다

④ 의자에 앉는다 .

⑤ 서로 나눠 가진 몫

71

63 왜 그럴까요? **겹받침의 뒤 자음자가 소리 나요(닮는다/담는다)**

또바기가 본 낱말을 어떻게 읽어야 할지 생각해 봅시다.

글씨 쓰기 연습 17~19쪽

2 낱말의 소리를 듣고, 따라 읽어 봅시다. 그리고 나서 받침 자리에서 소리 나는 자음자에 ◯표 해 봅시다.

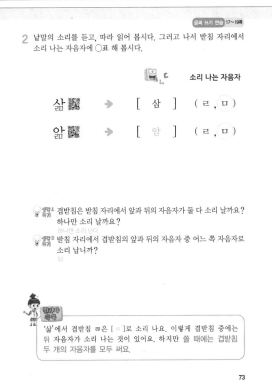

소리 나는 자음자

삶 ➡ [삼] (ㄹ , ㅁ)

앎 ➡ [암] (ㄹ , ㅁ)

생각1 겹받침은 받침 자리에서 앞과 뒤의 자음자가 둘 다 소리 날까요? 하나만 소리 날까요?
하나만 소리 난다

생각2 받침 자리에서 겹받침의 앞과 뒤의 자음자 중 어느 쪽 자음자로 소리 납니까?
뒤

알려 주세요

'삶'에서 겹받침 ㄻ은 [ㅁ]로 소리 나요. 이렇게 겹받침 중에는 뒤 자음자가 소리 나는 것이 있어요. 하지만 쓸 때에는 겹받침 두 개의 자음자를 모두 써요.

73

15

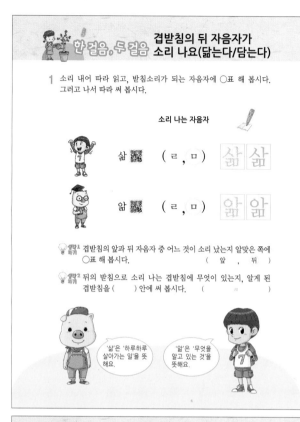

한걸음, 두걸음 — 겹받침의 뒤 자음자가 소리 나요(닮는다/담는다)

1 소리 내어 따라 읽고, 받침소리가 되는 자음자에 ○표 해 봅시다. 그리고 나서 따라 써 봅시다.

소리 나는 자음자

삶 (ㄹ , ㅁ)　삶 삶

앎 (ㄹ , ㅁ)　앎 앎

생각1 겹받침의 앞과 뒤 자음자 중 어느 것이 소리 났는지 알맞은 쪽에 ○표 해 봅시다. (앞 , 뒤)

생각2 뒤의 받침으로 소리 나는 겹받침에 무엇이 있는지, 알게 된 겹받침을 ( ) 안에 써 봅시다. (ㄻ)

'삶'은 '하루하루 살아가는 일'을 뜻해요.

'앎'은 '무엇을 알고 있는 것'을 뜻해요.

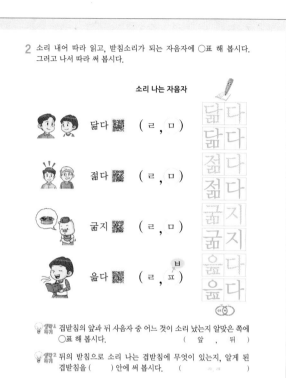

2 소리 내어 따라 읽고, 받침소리가 되는 자음자에 ○표 해 봅시다. 그리고 나서 따라 써 봅시다.

소리 나는 자음자

닮다 (ㄹ , ㅁ)　닮다 닮다

젊다 (ㄹ , ㅁ)　젊다 젊다

굶지 (ㄹ , ㅁ)　굶지 굶지

읊다 (ㄹ , ㅍ)　읊다 읊다

생각1 겹받침의 앞과 뒤 사음자 중 어느 것이 소리 났는지 알맞은 쪽에 ○표 해 봅시다. (앞 , 뒤)

생각2 뒤의 받침으로 소리 나는 겹받침에 무엇이 있는지, 알게 된 겹받침을 ( ) 안에 써 봅시다. (ㄻ , ㄿ)

75

실력이 쑥쑥 — 겹받침의 뒤 자음자가 소리 나요(닮는다/담는다)

1 한걸음, 두걸음을 다시 살펴보고, 받침 자리에서 뒤 자음자가 소리 나는 겹받침에는 무엇이 있는지 정리해 봅시다.

겹받침	소리 나는 자음자	겹받침	소리 나는 자음자
ㄻ	ㄹ , ㅁ	ㄿ	ㄹ , ㅍ

2 그림에 알맞은 말이 되도록 빈칸에 겹받침을 써 봅시다.

삶다　옮기다

앉고　읊조리다

76

3 배운 내용을 생각하며, 틀린 글자를 바르게 고쳐 써 봅시다.

아침밥을 굼따.
아침밥을 굶다 .

달걀을 삼는다.
달걀을 삶는다 .

시를 읍꼬
시를 읊고

나이가 점꼬
나이가 젊고

감기가 옴따.
감기가 옮다 .

77

16

더 나아가기 | 겹받침의 뒤 자음자가 소리 나요(닮는다/담는다)

1 글자 카드로 낱말을 만들어 빈칸에 바르게 써 봅시다. 완성된 낱말을 소리 내어 읽고, 받침이 어느 자음자로 소리 나는지 써 봅시다.

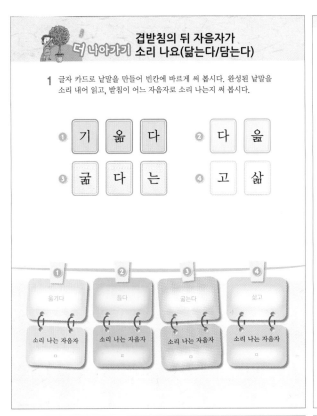

① 기 옮 다   ② 다 읊
③ 굶 다 는   ④ 고 삶

① 옮기다
소리 나는 자음자

② 읊다
소리 나는 자음자

③ 굶는다
소리 나는 자음자

④ 삶고
소리 나는 자음자

2 정말 열심히 공부했어요. 지금까지 배운 내용을 생각하며 1에서 찾은 낱말들의 규칙을 스스로 정리해 봅시다.

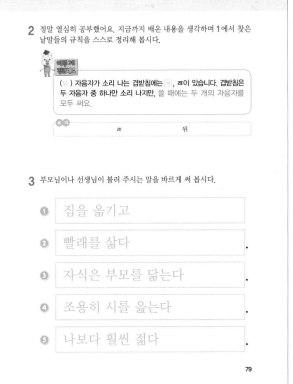

(뒤) 자음자가 소리 나는 겹받침에는 ㄼ, ㄿ이 있습니다. 겹받침은 두 자음자 중 하나만 소리 나지만, 쓸 때에는 두 개의 자음자를 모두 써요.

ㄼ	뒤

3 부모님이나 선생님이 불러 주시는 말을 바르게 써 봅시다.

① 집을 옮기고

② 빨래를 삶다 .

③ 자식은 부모를 닮는다 .

④ 조용히 시를 읊는다 .

⑤ 나보다 훨씬 젊다

79

---

64 왜 그럴까요? | 겹받침이 넘어 가요(앉아/안자)

1 또바기의 답장을 받고 엄마가 어리둥절해한 이유가 무엇일지 생각해 봅시다.

연극 기대된다.

엄마는 우리가 걱정되시나 봐.

공연 시작하면 돌아다니면 안 되는 거 알지?

걱정 마. 내가 답장할게.

네, 안잤어요.

또바기가 졸린가?

2 처음에는 한 글자씩 읽고, 다음에는 이어 읽어 봅시다. 그리고 나서 소리 나는 대로 [   ] 안에 써 봅시다.

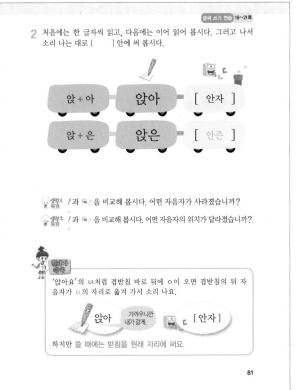

앉 + 아   앉아   [안자]

앉 + 은   앉은   [안즌]

생각1 /과 을 비교해 봅시다. 어떤 자음자가 사라졌습니까?

생각2 /과 을 비교해 봅시다. 어떤 자음자의 위치가 달라졌습니까?

'앉아요'의 ㄵ처럼 겹받침 바로 뒤에 ㅇ이 오면 겹받침의 뒤 자음자가 ㅇ의 자리로 옮겨 가서 소리 나요.

앉아 가까우니깐 내가 갈게. [안자]

하지만 쓸 때에는 받침을 원래 자리에 써요.

81

17

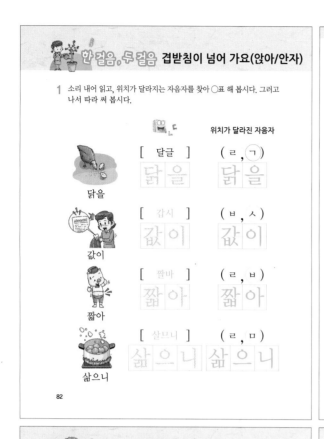

한 걸음, 두 걸음 겹받침이 넘어 가요(앉아/안자)

1 소리 내어 읽고, 위치가 달라지는 자음자를 찾아 ○표 해 봅시다. 그리고 나서 따라 써 봅시다.

위치가 달라진 자음자

[달글] (ㄹ, ㄱ)
닭을   닭을
닭을

[갑시] (ㅂ, ㅅ)
값이   값이
값이

[짤바] (ㄹ, ㅂ)
짧아   짧아
짧아

[삼므니] (ㄹ, ㅁ)
삶으니   삶으니
삶으니

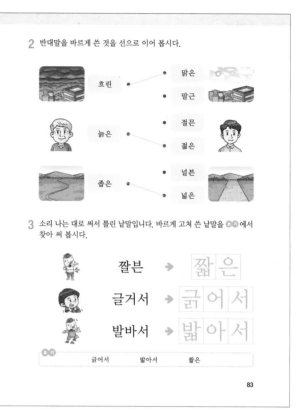

2 반대말을 바르게 쓴 것을 선으로 이어 봅시다.

흐린 •　• 맑은
　　　　• 말근

늙은 •　• 절믄
　　　　• 젊은

좁은 •　• 널븐
　　　　• 넓은

3 소리 나는 대로 써서 틀린 낱말입니다. 바르게 고쳐 쓴 낱말을 보기 에서 찾아 써 봅시다.

짤븐 ➡ 짧 은

글거서 ➡ 긁 어 서

발바서 ➡ 밟 아 서

보기　긁어서　밟아서　짧은

82

83

실력이 쑥쑥 겹받침이 넘어 가요(앉아/안자)

1 배운 내용을 생각하며, 틀린 글자를 바르게 고쳐 써 봅시다.

갑시 비싸다.
값 이 비싸다.

넉시 나가다.
넋 이 나가다.

아무도 업서 무서워요.
아무도 없 어 무서워요.

책을 훌터보다.
책을 훑 어 보 다 .

2 틀린 말을 보기 처럼 바르게 고쳐 써 봅시다. 그리고 나서 완성된 문장을 소리 내어 읽어 봅시다.

보기

흘그로 두꺼비 집을 만든다.

흙으로 두꺼비 집을 만든다 .

팔이 가려워서 글겄다.
팔이 가려워서 긁었다 .

똥을 발바서 냄새가 나요.
똥을 밟아서 냄새가 나요 .

비행기가 널븐 하늘을 날아요.
비행기가 넓은 하늘을 날아요 .

84

85

18

더 나아가기 겹받침이 넘어 가요(앉아/안자)

1 전래 동화 「의좋은 형제」의 일부분입니다. 이야기를 읽고, 틀린 부분에 ○표 해 봅시다.

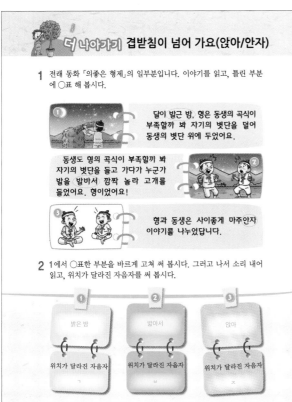

① 달이 밝은 밤, 형은 동생의 곡식이 부족할까 봐 자기의 볏단을 덜어 동생의 볏단 위에 두었어요.

② 동생도 형의 곡식이 부족할끼 봐 자기의 볏단을 들고 가다가 누군가 발을 밟아서 깜짝 놀라 고개를 들었어요. 형이었어요!

③ 형과 동생은 사이좋게 마주안자 이야기를 나누었답니다.

2 1에서 ○표한 부분을 바르게 고쳐 써 봅시다. 그러고 나서 소리 내어 읽고, 위치가 달라진 자음자를 써 봅시다.

① 밝은 밤	② 넓어서	③ 앉아
위치가 달라진 자음자 ㄱ	위치가 달라진 자음자 ㅂ	위치가 달라진 자음자 ㅈ

3 정말 열심히 공부했어요. 지금까지 배운 내용을 생각하며, 2에서 찾은 낱말들의 규칙을 스스로 정리해 봅시다.

> **어떻게 썼나요?**
> 겹받침 바로 뒤에 ⓐ이 오면, 받침이 모두 옮겨 가지 않고 (ⓑ) 자음자가 ⓒ의 자리로 옮겨 가서 소리 나요. 하지만 쓸 때에는 받침을 원래 자리에 써요.

ⓐ	
ㅇ	뒤

4 부모님이나 선생님이 불러 주시는 말을 바르게 써 봅시다.

① 꼬꼬댁 닭이 운다 .

② 예의 바른 젊은이 .

③ 힘들면 앉아서 쉬어 .

④ 사탕을 핥아먹다 .

⑤ 독립운동가의 넋을 기리다 .

---

65 왜 그럴까요? 겹받침이 헷갈려요 (넓다/널따, 밟다/밥따)

1 모도리가 고쳐 준 낱말들은 소리가 다르지만 글자는 똑같아요. 왜 그런지 생각해 봅시다.

넙 적한 돌멩이를 널고 푸른 바다에 던졌다

- 글자를 소리 나는 대로 쓰면 안 돼! 이건 '넓'이라고 써야지.
- 소리가 다른데 글자는 똑같네?
- '넓다'라는 말에서 다 나왔기 때문이야.

글씨 쓰기 연습 21~24쪽

2 소리를 듣고 [ ] 안에 쓰고, 따라 읽어 봅시다. 그러고 나서 받침 자리에서 소리 나는 자음자에 ○표 해 봅시다.

소리 나는 자음자

넓다 ➡ [널따] (ㄹ, ㅂ)

넓고 ➡ [널꼬] (ㄹ, ㅂ)

넓죽하다 ➡ [넙쭈카다] (ㄹ, ㅂ)

겹받침은 받침 자리에서 앞과 뒤의 자음자가 둘 다 소리 납니까? 하나만 소리 납니까?
하나만 소리 난다.

'소리 나는 자음자'를 보고, 겹받침 ㄼ이 어떻게 소리 나는지 생각해 봅시다.
앞 자음자가 소리 날 때도 있고, 뒤 자음자가 소리 날 때도 있다.

> 겹받침 ㄼ은 대부분 앞 자음자 ㄹ이 소리 나요. 하지만 '넓죽하다'처럼 뒤 자음자가 소리 나는 경우도 있어, 발음을 헷갈릴 수 있어요. 하지만 쓸 때에는 겹받침 두 개의 자음자를 모두 써요.

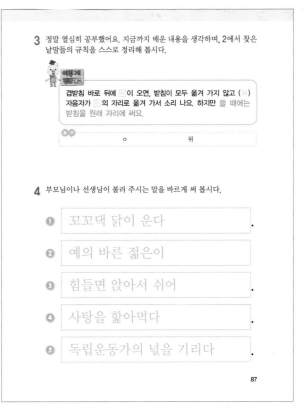
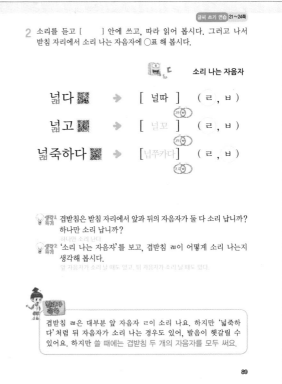

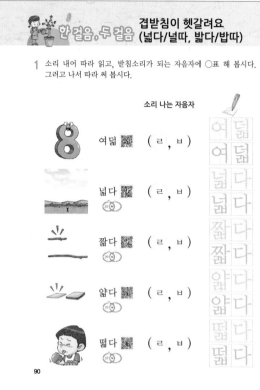

한걸음, 두걸음

**겹받침이 헷갈려요
(넓다/널따, 밟다/밥따)**

1 소리 내어 따라 읽고, 받침소리가 되는 자음자에 ○표 해 봅시다.
그리고 나서 따라 써 봅시다.

소리 나는 자음자

8　여덟　(ㄹ , ㅂ)

넓다　(ㄹ , ㅂ)

짧다　(ㄹ , ㅂ)

얇다　(ㄹ , ㅂ)

떫다　(ㄹ , ㅂ)

여덟
여덟
넓다
넓다
짧다
짧다
얇다
얇다
떫다
떫다

90

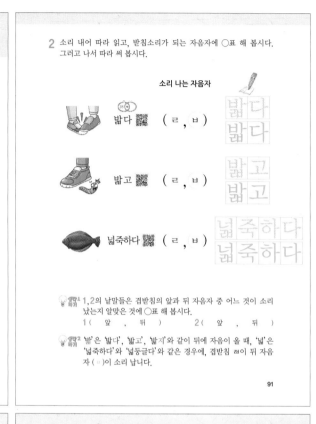

2 소리 내어 따라 읽고, 받침소리가 되는 자음자에 ○표 해 봅시다.
그리고 나서 따라 써 봅시다.

소리 나는 자음자

밟다　(ㄹ , ㅂ)

밟고　(ㄹ , ㅂ)

넓죽하다　(ㄹ , ㅂ)

밟다
밟다
밟고
밟고
넓죽하다
넓죽하다

✏️1 1,2의 낱말들은 겹받침의 앞과 뒤 자음자 중 어느 것이 소리
났는지 알맞은 것에 ○표 해 봅시다.
1 (앞 , 뒤)　　2 (앞 , 뒤)

✏️2 '밟'은 '밟다', '밟고', '밟지'와 같이 뒤에 자음이 올 때, '넓'은
'넓죽하다'와 '넓둥글다'와 같은 경우에, 겹받침 ㄹㅂ이 뒤 자음
자 (ㅂ)이 소리 납니다.

91

실력이 쑥쑥

**겹받침이 헷갈려요
(넓다/널따, 밟다/밥따)**

1 배운 내용을 생각하며, 틀린 글자를 바르게 고쳐 써 봅시다.

여덜 살이에요.
여덟 살이에요.

방이 널고 깨끗하다.
방이 넓고 깨끗하다.

감이 떨네.
감이 떫네.

넙죽한 얼굴
넓죽한 얼굴

92

2 틀린 말을 보기처럼 바르게 고쳐 써 봅시다. 그리고 완성된 문장을
소리 내어 읽어 봅시다.

보기

낙엽을 밥다.
낙엽을 밟다　　.

돗자리를 널게 펴다.
돗자리를 넓게 펴다　　.

이불이 얄고 가벼워요.
이불이 얇고 가벼워요　　.

머리를 짤게 자르다.
머리를 짧게 자르다　　.

93

더 나아가기 겹받침이 헷갈려요 (넓다/널따, 밟다/밥따)

1 또바기가 모도리를 만날 수 있도록 바르게 쓴 낱말을 찾아 선으로 이으며 길을 찾아가 봅시다.

밟고 / 밥고 / 여덜 / 여덟 / 넙죽하다 / 넓죽하다 / 넓게 / 넓게

94

2 정말 열심히 공부했어요. 지금까지 배운 내용을 생각하며, 1에서 찾은 낱말들의 규칙을 스스로 정리해 봅시다.

> **이렇게 해보세요**
>
> 겹받침 ㄼ은 대부분 (앞) 자음자 ㄹ이 소리 나요. 하지만 '밟고', '넓죽하다'처럼 뒤 자음자 ㅂ이 소리 나는 경우도 있어서 발음이 헷갈릴 수 있어요. 하지만 쓸 때에는 겹받침 두 개의 자음자를 모두 써요.

ㄼ	앞	ㄹ

3 부모님이나 선생님이 불러 주시는 말을 바르게 써 봅시다.

① 넙죽한 코

② 옷이 얇다 .

③ 자전거 페달을 밟다 .

④ 문어는 다리가 여덟 개

⑤ 키가 커서 바지가 짧네 .

95

66 왜 그럴까요? 겹받침이 헷갈려요 (맑다/막따, 맑고/말꼬)

1 모도리가 고쳐 준 낱말들은 소리가 다르지만 글자는 똑같아요. 왜 그런지 생각해 봅시다.

2 소리를 듣고 [ ] 안에 쓴 뒤, 따라 읽어 봅시다. 그리고 나서 받침 자리에서 소리 나는 자음자에 ○표 해 봅시다.

소리 나는 자음자

맑다 ➡ [막따] (ㄹ , ㄱ)

맑지 ➡ [막찌] (ㄹ , ㄱ)

맑고 ➡ [말꼬] (ㄹ , ㄱ)

> 생각1 겹받침은 받침 자리에서 앞과 뒤의 자음자가 둘 다 소리 납니까? 하나만 소리 납니까?
> 하나만 소리 난다.
>
> 생각2 '소리 나는 자음자'를 보고, 겹받침 ㄹㄱ이 어떻게 소리 나는지 생각해 봅시다.
> 앞 자음자가 소리 날 때도 있고, 뒤 자음자가 소리 날 때도 있다.

> **정리가 쏙쏙**
>
> 겹받침 ㄹㄱ은 대부분 뒤 자음자 ㄱ이 소리 나요. 하지만 '맑고'처럼 겹받침 ㄹㄱ의 바로 뒤에 ㄱ이 오면 앞 자음자 ㄹ이 소리 나요. 하지만 쓸 때에는 겹받침 두 개의 자음자를 모두 써요.

97

21

한 걸음, 두 걸음
겹받침이 헷갈려요 (맑다/막따, 맑고/말꼬)

1 소리 내어 따라 읽고, 받침소리가 되는 자음자에 ○표 해 봅시다. 그러고 나서 따라 써 봅시다.

소리 나는 자음자

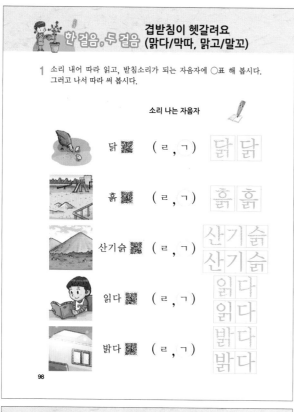

닭 (ㄹ , ㄱ) 닭 닭

흙 (ㄹ , ㄱ) 흙 흙

산기슭 (ㄹ , ㄱ) 산기슭 산기슭

읽다 (ㄹ , ㄱ) 읽다 읽다

밝다 (ㄹ , ㄱ) 밝다 밝다

98

---

2 소리 내어 따라 읽고, 받침소리가 되는 자음자에 ○표 해 봅시다. 그러고 나서 따라 써 봅시다.

소리 나는 자음자

읽기 (ㄹ , ㄱ) 읽기 읽기

늙고 (ㄹ , ㄱ) 늙고 늙고

밝기 (ㄹ , ㄱ) 밝기 밝기

굵기 (ㄹ , ㄱ) 굵기 굵기

💡1 1,2의 낱말들은 겹받침의 앞과 뒤 자음자 중 어느 것이 소리 났는지 알맞은 것에 ○표 해 봅시다.
1 (앞 , 뒤)   2 (앞 , 뒤)

💡2 겹받침 ㄹㄱ이 받침 자리에서 앞 받침 ㄹ로 소리 나는 경우의 공통점을 2의 4개의 낱말에서 찾아 □ 안을 채워 봅시다.
겹받침 ㄹㄱ의 뒤에 자음 □이 옵니다.

99

실력이 쑥쑥
겹받침이 헷갈려요 (맑다/막따, 맑고/말꼬)

1 배운 내용을 생각하며, 틀린 글자를 바르게 고쳐 써 봅시다.

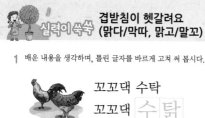

꼬꼬댁 수탁
꼬꼬댁 [수탉]

가파른 산끼슥
가파른 [산기슭]

등을 극따.
등을 [긁]다.

불께 물든 단풍
[붉게] 물든 단풍

100

---

2 틀린 말을 (보기)처럼 바르게 고쳐 써 봅시다. 그러고 나서 완성된 문장을 소리 내어 읽어 봅시다.

(보기)

책을 일꼬 제자리에 꽂아라.

책을 읽고 제자리에 꽂아라.

굴꼬 단단한 통나무

굵고 단단한 통나무

흑탕물이 튀다.

흙탕물이 튀다.

반죽이 묵따.

반죽이 묽다

101

더 나아가기 겹받침이 헷갈려요 (맑다/막따, 맑고/말꼬)

1 또바기가 해수욕장에 갈 수 있도록 바르게 쓴 낱말을 선으로 이으며 길을 찾아가 봅시다.

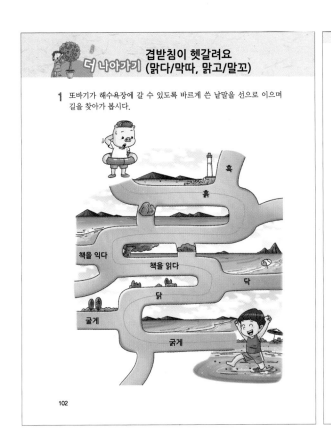

102

---

2 정말 열심히 공부했어요. 지금까지 배운 내용을 생각하며, 1에서 찾은 낱말들의 규칙을 스스로 정리해 봅시다.

이렇게 정리해요

겹받침 ㄺ은 받침 자리에서 대부분 뒤 자음자 ㄱ이 소리 나요. 하지만 '맑고'처럼 겹받침 바로 뒤에 자음자 ㄱ이 오면 앞 자음자 ㄹ이 소리 나는 경우도 있어, 발음이 헷갈릴 수 있어요. 쓸 때에는 겹받침 두 개의 자음자를 모두 써요.

예시 | ㄹ | ㄺ |

3 부모님이나 선생님이 불러 주시는 말을 바르게 써 봅시다.

① 나무가 굵다 .

② 노을 진 하늘이 붉다 .

③ 낡고 오래된 골동품

④ 눈동자가 맑고 또렷하다 .

⑤ 칡뿌리를 캐다 .

103

23

67 왜 그럴까요?

강한 소리가 나면 받침에 ㅅ을 써 줘요
(나뭇가지/나무까지)

1 또바기가 쓴 노랫말에 틀린 낱말이 있어요. 어떻게 고쳐 써야 할지 생각해 봅시다.

모도리야, 우리 같이 노래 부르자.

그래. 틀린 부분 고치고 같이 노래 부르자.

나무 까지에   실처

하얀눈처럼   희고

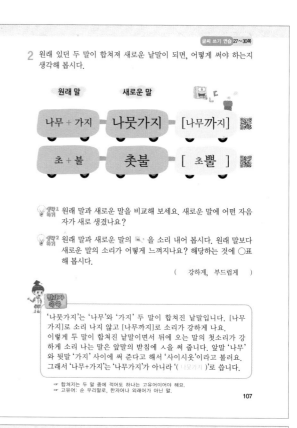

글씨 쓰기 연습 27~30쪽

2 원래 있던 두 말이 합쳐져 새로운 낱말이 되면, 어떻게 써야 하는지 생각해 봅시다.

원래 말	새로운 말	
나무 + 가지	나뭇가지	[나무까지]
초 + 불	촛불	[초뿔]

생각1 원래 말과 새로운 말을 비교해 보세요. 새로운 말에 어떤 자음자가 새로 생겼나요?

생각2 원래 말과 새로운 말의 🔊을 소리 내어 봅시다. 원래 말보다 새로운 말의 소리가 어떻게 느껴지나요? 해당하는 것에 ○표 해 봅시다.

(강하게, 부드럽게)

연기가 쏙쏙

'나뭇가지'는 '나무'와 '가지' 두 말이 합쳐진 낱말입니다. [나무가지]로 소리 나지 않고 [나무까지]로 소리가 강하게 나요.
이렇게 두 말이 합쳐진 낱말이면서 뒤에 오는 말의 첫소리가 강하게 소리 나는 말은 앞말의 받침에 ㅅ을 써 줍니다. 앞말 '나무'와 뒷말 '가지' 사이에 써 준다고 해서 '사이시옷'이라고 불러요. 그래서 '나무+가지'는 '나무가지'가 아니라 '나뭇가지'로 씁니다.

☞ 합쳐지는 두 말 중에 적어도 하나는 고유어이어야 해요.
☞ 고유어: 순 우리말로, 한자어나 외래어가 아닌 말.

107

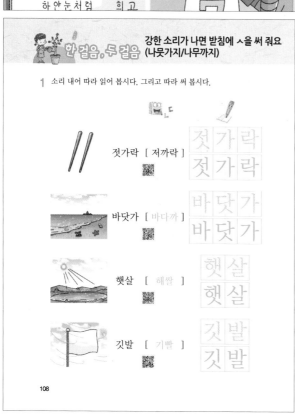

한 걸음, 두 걸음

강한 소리가 나면 받침에 ㅅ을 써 줘요
(나뭇가지/나무까지)

1 소리 내어 따라 읽어 봅시다. 그리고 따라 써 봅시다.

젓가락 [저까락]

젓가락
젓가락

바닷가 [바다까]

바닷가
바닷가

햇살 [해쌀]

햇살
햇살

깃발 [기빨]

깃발
깃발

108

2 소리 내어 읽고, 바르게 쓴 것에 ○표 해 봅시다.

(해볕 / 햇볕)은 쨍쨍, 모래알은 반짝

쭉 뻗은 (기차길 / 기찻길)

3 소리 나는 대로 써서 틀린 낱말입니다. 바르게 고쳐 쓴 낱말을 💬에서 찾아 써 봅시다.

내까 ➡ 냇가

기빨 ➡ 깃발

바다까 ➡ 바닷가

등교낄 ➡ 등굣길

| 바닷가 | 냇가 | 등굣길 | 깃발 |

109

24

실력이 쑥쑥 | 강한 소리가 나면 받침에 ㅅ을 써 줘요 (나뭇가지/나무까지)

1 배운 내용을 생각하며, 틀린 글자를 바르게 고쳐 써 봅시다.

 초뿔을 끄다.
　　　　　　촛불을 끄다.

 저까락 잡는 방법
　　　　　　젓가락 잡는 방법

 모기가 코뜽을 물다.
　　　　　모기가 콧등을 물다.

 새낄로 가면 빨라요.
　　　　　샛길로 가면 빨라요.

110

---

2 「피노키오」 이야기의 일부입니다. 이야기를 읽고, 틀린 곳에 ○표 해 봅시다.

피노키오가 바다까에서 배를 타고 놀아요. 그러다 그만 파도에 휩쓸려 버렸어요. 파도에 떠내려가는 피노키오를 고래가 삼켰어요. 잠시 후, 정신을 잃었던 피노키오가 눈을 떴어요.
"여기가 어디지?"
피노키오가 고래 배쪽에 갇혔어요.

3 2에서 ○표 한 말이 들어 있는 문장을 바르게 고쳐 써 봅시다.

① 바닷가에서 배를 타고 놀아요 .

② 피노키오가 고래 뱃속에 갇혔어요 .

111

더 나아가기 | 강한 소리가 나면 받침에 ㅅ을 써 줘요 (나뭇가지/나무까지)

1 《보기》의 그림에 알맞은 낱말이 되도록 빈칸을 채워 봅시다.

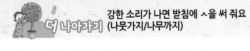

《보기》 ① ② ③ ④

		③젓			④등
①나	뭇	가	지		곳
		락		②샛	길

2 1에서 찾아낸 낱말을 소리 내어 읽고, 빈칸에 써 봅시다.

① 나뭇가지　② 샛길　③ 젓가락　④ 등굣길

---

3 정말 열심히 공부했어요. 지금까지 배운 내용을 생각하며, 2에서 찾은 낱말들의 규칙을 스스로 정리해 봅시다.

이렇게 정리해요
두 말이 합쳐진 낱말이면서 뒤에 오는 말의 첫소리가 강하게 소리 나는 말은 앞말의 받침에 ㅅ을 써 줍니다. 앞말과 뒷말 사이에 써 준다고 해서 '(사이시옷)'이라고 불러요.
그래서 '배+속'은 '배속'이 아니라 '(뱃속)'으로 씁니다.

☞ 합쳐지는 두 말 중에 적어도 하나는 고유어이어야 해요.

《보기》	뱃속	사이시옷

4 부모님이나 선생님이 불러 주시는 말을 바르게 써 봅시다.

① 촛불을 켜다 .

② 햇살이 눈부시다 .

③ 하늘에 샛별이 빛난다 .

④ 바닷바람이 부는 해변 .

⑤ 머리카락이 귓등을 덮다 .

113

25

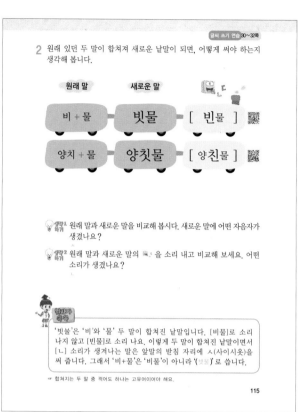

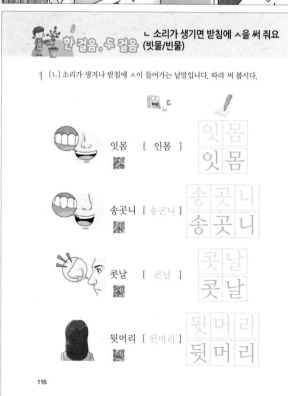

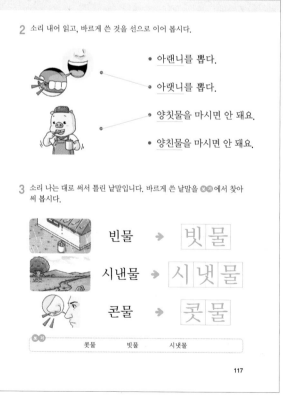

실력이 쑥쑥 — ㄴ 소리가 생기면 받침에 ㅅ을 써 줘요 (빗물/빈물)

1 [ㄴ] 소리가 두 개 생겨나 받침에 ㅅ이 들어가는 낱말입니다. 따라 써 봅시다.

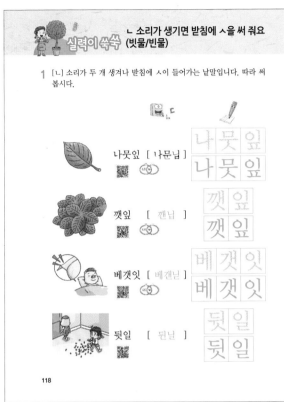

나뭇잎 [나문닙]
나뭇잎
나뭇잎

깻잎 [깬닙]
깻잎
깻잎

베갯잇 [베갠닏]
베갯잇
베갯잇

뒷일 [뒨닐]
뒷일
뒷일

118

2 틀린 말을 〈보기〉처럼 바르게 고쳐 써 봅시다. 그리고 완성된 문장을 소리 내어 읽어 봅시다.

〈보기〉

먼 훈날 다시 만나자.

먼 훗날 다시 만나자 .

콘물을 닦다.

콧물을 닦다 .

된닐을 부탁해요.

뒷일을 부탁해요 .

벽에 뒨머리를 부딪치다.

벽에 뒷머리를 부딪치다 .

119

더 나아가기 — ㄴ 소리가 생기면 받침에 ㅅ을 써 줘요 (빗물/빈물)

1 〈그림〉를 보고 어떤 낱말의 소리일지, 빈칸에 알맞은 자음자를 써 봅시다.

① [시낸물] → 시 **ㅅ** 내 물

② [깬닙] → 깨 **ㅅ** 잎

2 1에서 찾아낸 낱말을 빈칸에 써 봅시다.

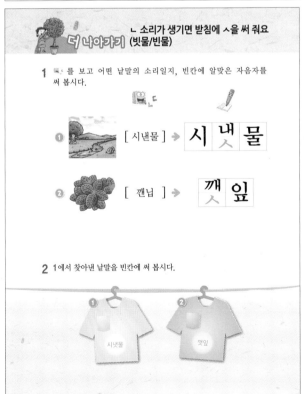

시냇물   깻잎

3 정말 열심히 공부했어요. 지금까지 배운 내용을 생각하며, 2에서 찾은 낱말들의 규칙을 스스로 정리해 봅시다.

어떻게 정리하죠

두 말이 합쳐진 낱말이면서 [ㄴ] 소리가 생겨나는 말은 앞말의 받침에 'ㅅ'(사이시옷)을 써 줍니다.
그래서 '시내+물'은 '시내물'이 아니라 (시냇물)로 씁니다.
[ㄴ] 소리가 두 개 생기는 말도 앞말의 받침 ㅅ을 써 줍니다. 그래서 '나무+잎'은 '나무잎'이 아니라 (나뭇잎)으로 씁니다.

☞ 합쳐지는 두 말 중에 적어도 하나는 고유어이어야 해요.

〈보기〉   나뭇잎   시냇물

4 부모님이나 선생님이 불러 주시는 말을 바르게 써 봅시다.

① 잇몸이 시리다 .

② 윗니, 아랫니를 골고루 닦다 .

③ 콧물감기에 걸리다 .

④ 제삿날에는 친척이 모인다 .

⑤ 나뭇잎이 노랗게 물들다 .

121

15장 헷갈리는 말과 쓰기 마법

69 왜 그럴까요?
소리 나는 대로 쓰면 안 돼요 (할게/할께)

1 또바기가 보낸 편지에 잘못 쓴 낱말이 있어요. 틀리게 쓴 말에 ○표 해 봅시다.

모도리에게
안녕. 나야, 또 바기!
한글을 가르쳐 주어서 고마워.
이제 바르게 쓸 쑤 있게 됐어.
앞으로도 열심히 할께.
또바기가...

아이고, 틀린 글자가 있잖아.

---

2 소리 나는 대로 쓰면 틀리는 말을 어떻게 써야 하는지 생각해 봅시다.

또바기의

쓸 쑤   [쓸 쑤] ➡ 쓸 수

할께   [할께] ➡ 할게

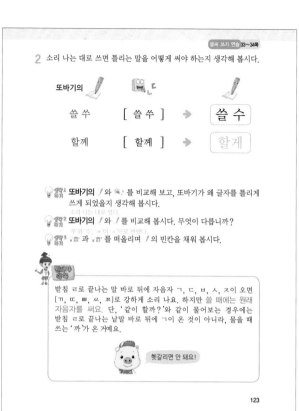

💡생각톡톡1 또바기의 와 를 비교해 보고, 또바기가 왜 글자를 틀리게 쓰게 되었을지 생각해 봅시다.
💡생각톡톡2 또바기의 와 를 비교해 봅시다. 무엇이 다릅니까?
💡생각톡톡3 과 를 떠올리며 의 빈칸을 채워 봅시다.

받침 ㄹ로 끝나는 말 바로 뒤에 자음자 ㄱ, ㄷ, ㅂ, ㅅ, ㅈ이 오면 [ㄲ, ㄸ, ㅃ, ㅆ, ㅉ]로 강하게 소리 나요. 하지만 쓸 때에는 원래 자음자를 써요. 단, '같이 할까?'와 같이 물어보는 경우에는 받침 ㄹ로 끝나는 낱말 바로 뒤에 ㄱ이 온 것이 아니라, 물을 때 쓰는 '까'가 온 거예요.

헷갈리면 안 돼요!

123

한걸음, 두걸음
소리 나는 대로 쓰면 안 돼요 (할게/할께)

1 받침 ㄹ로 끝나는 말 바로 뒤의 소리가 강하게 나는 말입니다. 따라 써 봅시다.

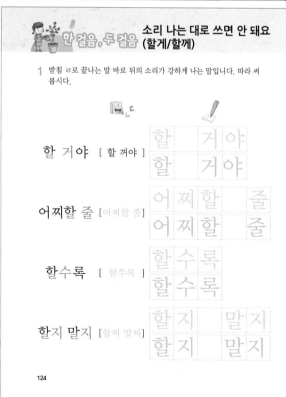

할 거야 [할 꺼야]

| 할 | | 거 | 야 |
| 할 | | 거 | 야 |

어찌할 줄 [어찌할 쭐]

| 어 | 찌할 | | 줄 |
| 어 | 찌할 | | 줄 |

할수록 [할쑤록]

| 할 | 수 | | 록 |
| 할 | 수 | | 록 |

할지 말지 [할찌 말찌]

| 할 | 지 | 말 | 지 |
| 할 | 지 | 말 | 지 |

124

---

2 소리 내어 읽고, 바르게 쓴 것을 선으로 이어 봅시다.

• 약속할께.

• 약속할게.

• 진작에 할 껄.

• 진작에 할 걸.

• 갈 떼가 없네.

• 갈 데가 없네.

• 시간이 갈수록

• 시간이 갈쑤록

125

실력이 쑥쑥 · 소리 나는 대로 쓰면 안 돼요 (할게/할께)

1 배운 내용을 생각하며 빈칸을 채우고, 따라 써 봅시다.

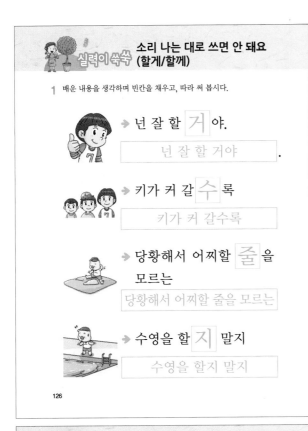

→ 넌 잘 할 거 야.

넌 잘 할 거야 .

→ 키가 커 갈 수 록

키가 커 갈수록

→ 당황해서 어찌할 줄 을 모르는

당황해서 어찌할 줄을 모르는

→ 수영을 할 지 말지

수영을 할지 말지

126

---

2 「개미와 베짱이」 이야기의 일부입니다. 이야기를 읽고, 틀린 곳에 ○표 해 봅시다.

> 햇볕이 쨍쨍 내리쬐는 뜨거운 여름입니다.
> 베짱이는 오늘도 그늘에 앉아 노래를 부르고 있어요.
> 개미는 힘들찌라도 음식을 모으고 있네요. 추운 겨울을
> 대비하려나 봐요. 어느덧 시간이 흘러 겨울이 되었어요.
> 베짱이가 추위에 떨며 개미의 집에 찾아왔어요. 똑똑.
> "개미야, 나는 갈 떼가 없어"

3 2에서 ○표 한 말이 들어 있는 문장을 바르게 고쳐 써 봅시다.

❶ 개미는 힘들지라도 음식을 모으고 있네요 .

❷ 개미야, 나는 갈 데가 없어 .

127

더 나아가기 · 소리 나는 대로 쓰면 안 돼요 (할게/할께)

1 🔲 를 보고 어떤 ㅣ의 소리일지, 빈칸에 알맞은 글자를 써 봅시다.

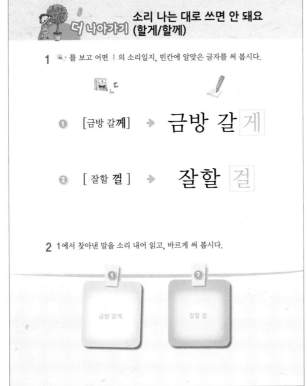

❶ [금방 갈께] → 금방 갈 게

❷ [잘할 껄] → 잘할 걸

2 1에서 찾아낸 말을 소리 내어 읽고, 바르게 써 봅시다.

❶ 금방 갈게.

❷ 잘할 걸.

---

3 정말 열심히 공부했어요. 지금까지 배운 내용을 생각하며, 2에서 찾은 낱말들의 규칙을 스스로 정리해 봅시다.

> 받침 ㄹ로 끝나는 낱말 바로 뒤에 자음자 ㄱ, ㄷ, ㅂ, ㅅ, ㅈ이 오면 [ㄲ, ㄸ, ㅃ, ㅆ, ㅉ]로 (강하게) 소리 나요. 하지만 쓸 때에는 원래 자음자를 써요. 그래서 [또 할 꺼야]라고 말하지만, 쓸 때에는 '또 할 (거)야'라고 써요.

보기: 강하게   ㄲ   거

4 부모님이나 선생님이 불러 주시는 말을 바르게 써 봅시다.

❶ 내가 할게 .

❷ 잘할 수 있다 .

❸ 조금만 먹을 걸 .

❹ 나는 우주 비행사가 될 거야 .

❺ 착한 일은 많이 할수록 좋다 .

129

70 왜 그럴까요?

'이' 나 '히'로 써요 (깨끗이/솔직히)

1 화장실에 간 또바기가 벽에 붙어 있는 문장을 보고 고민하는 이유가 무엇일지 생각해 봅시다.

흠, 이 문장 어딘가 어색한데. 뭘까?

화장실을 깨끗히 사용합시다

---

2 □ 안에 어떤 글자가 들어가야 할지 생각해 봅시다.

조용 ❶   깨끗 ❷

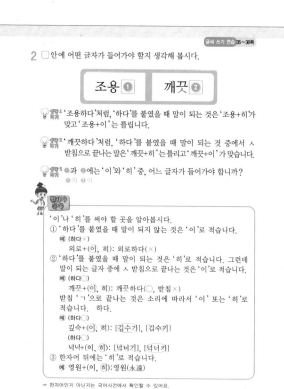

생각1 '조용하다'처럼, '하다'를 붙였을 때 말이 되는 것은 '조용+히'가 맞고 '조용+이'는 틀립니다.

생각2 '깨끗하다'처럼, '하다'를 붙였을 때 말이 되는 것 중에서 ㅅ 받침으로 끝나는 말은 '깨끗+히'는 틀리고 '깨끗+이'가 맞습니다.

생각3 ❶과 ❷에는 '이'와 '히' 중, 어느 글자가 들어가야 합니까?
❶ 히 ❷ 이

읽기가 쑥쑥

'이' 나 '히'를 써야 할 곳을 알아봅시다.
① '하다'를 붙였을 때 말이 되지 않는 것은 '이'로 적습니다.
예 (하다×)
  외로+(이, 히): 외로하다(×)
② '하다'를 붙였을 때 말이 되는 것은 '히'로 적습니다. 그런데 말이 되는 글자 중에 ㅅ 받침으로 끝나는 것은 '이'로 적습니다.
예 (하다○)
  깨끗+(이, 히): 깨끗하다(○), 받침×)
받침 'ㄱ'으로 끝나는 것은 소리에 따라서 '이' 또는 '히'로 적습니다.   하다.
예 (하다○)
  깊숙+(이, 히): [깁수기], [깁수키]
  (하다○)
  넉넉+(이, 히): [넉너기], [넉너키]
③ 한자어 뒤에는 '히'로 적습니다.
예 영원+(이, 히): 영원(永遠)

☞ 한자어인지 아닌지는 국어사전에서 확인할 수 있어요.

한 걸음, 두 걸음

'이' 나 '히'로 써요 (깨끗이/솔직히)

1 '이'로 써야 하는 낱말을 따라 써 봅시다.

(하다×)
반가이

반가이
반가이

(하다×)
곰곰이

곰곰이
곰곰이

(하다○)
깨끗이

깨끗이
깨끗이

(하다○)
깊숙이
[깁수기]

깊숙이
깊숙이

---

2 '히'로 써야 하는 낱말을 따라 써 봅시다.

(하다○)
조용히

조용히
조용히

(하다○)
정확히
(正確+히)

정확히
정확히

(하다○)
넉넉히
[넉너키]

넉넉히
넉넉히

(하다○)
열심히
(熱心+히)

열심히
열심히

실력이 쑥쑥

'이' 나 '히'로 써요 (깨끗이/솔직히)

1 바르게 쓴 것에 ○표 하고, 따라 써 봅시다.

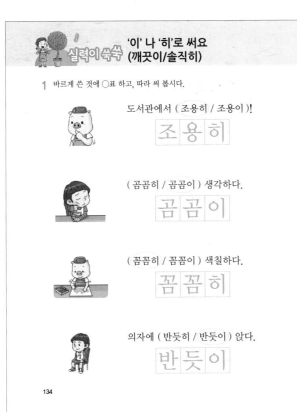

도서관에서 (조용히 / 조용이)!

조용히

(곰곰히 / 곰곰이) 생각하다.

곰곰이

(꼼꼼히 / 꼼꼼이) 색칠하다.

꼼꼼히

의자에 (반듯히 / 반듯이) 앉다.

반듯이

134

---

2 빈칸에 '이'와 '히'를 알맞게 넣어 완성하고, 따라 써 봅시다.

➡ 딱지를 주머니 깊숙 이 넣었다.

딱지를 주머니 깊숙이 넣었다.

➡ 과일 바구니에 넉넉 히 담다.

과일 바구니에 넉넉히 담다.

➡ 꾸준 히 공부해요.

꾸준히 공부해요 .

➡ 또렷 이 생각나는 꿈

또렷이 생각나는 꿈

135

더 나아가기

'이' 나 '히'로 써요 (깨끗이/솔직히)

1 바르게 쓴 낱말이 되도록 선으로 이어 봅시다.

❶	❷	❸	❹
가까	또렷	넉넉	영원

이   히

2 1에서 찾아낸 낱말을 소리 내어 읽고, 빈칸에 써 봅시다.

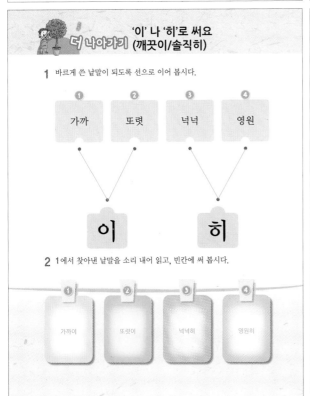

❶ 가까이 ❷ 또렷이 ❸ 넉넉히 ❹ 영원히

---

3 정말 열심히 공부했어요. 지금까지 배운 내용을 생각하며, 2에서 찾은 낱말들의 규칙을 스스로 정리해 봅시다.

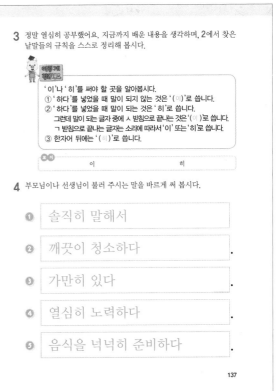

이렇게 정리해요

'이'나 '히'를 써야 할 곳을 알아봅시다.
① '하다'를 넣었을 때 말이 되지 않는 것은 '(이)'로 씁니다.
② '하다'를 넣었을 때 말이 되는 것은 '히'로 씁니다.
  그런데 말이 되는 글자 중에 ㅅ 받침으로 끝나는 것은 '(이)'로 씁니다.
  ㄱ 받침으로 끝나는 글자는 소리에 따라서 '이' 또는 '히'로 씁니다.
③ 한자어 뒤에는 '(히)'로 씁니다.

이	히

4 부모님이나 선생님이 불러 주시는 말을 바르게 써 봅시다.

❶ 솔직히 말해서

❷ 깨끗이 청소하다 .

❸ 가만히 있다 .

❹ 열심히 노력하다 .

❺ 음식을 넉넉히 준비하다

137

31

71 왜 그럴까요? 비슷해서 헷갈려요 (맞히다/맞추다)

1 또바기가 모도리의 말을 듣고 깜짝 놀랐어요. 왜 이런 오해가 생겼는지 생각해 봅시다.

2 소리는 비슷하지만 글자와 뜻이 다른 낱말을 알아봅시다.

새다   세다

💡도우미1 두 낱말을 소리 내어 읽어 봅시다. 소리의 차이를 구별할 수 있나요?

💡도우미2 두 낱말의 모양을 비교해 봅시다. 어떤 차이가 있나요?

알쏭달쏭
우리말에는 '새다'와 '세다'처럼 소리가 같거나 비슷하지만 글자와 뜻이 다른 낱말들이 있어요. 이런 낱말들은 소리로만은 구별하기 어려워요.
그래서 같이 쓰이는 다른 낱말들로 뜻을 알 수 있어요. '새다'는 '밤'과 함께 쓰이면, '날이 밝아 오다'라는 뜻을 나타내고 '세다'는 '숫자'와 함께 쓰이면 '수를 헤아리다', '힘'과 함께 쓰이면 '힘이 많다'라는 뜻을 나타내요.

139

한 걸음, 두 걸음 비슷해서 헷갈려요 (맞히다/맞추다)

❓ 소리는 비슷하거나 같지만, 글자와 뜻이 다른 낱말입니다. 따라 써 봅시다.

매다
메다
붙이다
부치다
저리다
절이다

마치다
맞히다
맞추다
바치다
받히다
받치다

140

141

실력이 쑥쑥 — 비슷해서 헷갈려요 (맞히다/맞추다)

1 왼쪽 낱말과 소리는 같지만, 글자와 뜻은 다른 낱말을 생각해 ( ) 안에 써 봅시다.

식히다 | (시키다)

깁다 | (깊다)

늘이다 | (느리다)

달이다 | (다리다)

142

2 배운 내용을 생각하며 빈칸을 채워 완성하고, 따라 써 봅시다.

➡ 색종이를 풀로 **붙이**고

　　색종이를 풀로 붙이고

➡ 정답을 맞**히**다 .

　　정답을 맞히다 .

➡ 가방을 **메**고 가요.

　　가방을 메고 가요 .

➡ 쥐가 나서 다리가 **저리**다 .

　　쥐가 나서 다리가 저리다 .

143

더 나아가기 — 비슷해서 헷갈려요 (맞히다/맞추다)

1 그림에 알맞은 문장이 되도록, 바르게 쓴 것에 ○표 해 봅시다.

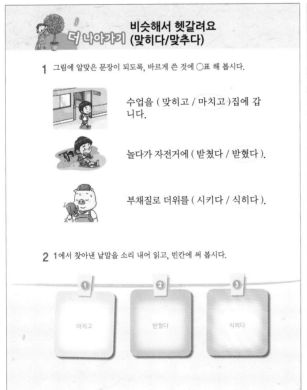

수업을 (맞히고 / 마치고) 집에 갑니다.

놀다가 자전거에 (받쳤다 / 받혔다).

부채질로 더위를 (시키다 / 식히다).

2 1에서 찾아낸 낱말을 소리 내어 읽고, 빈칸에 써 봅시다.

① 마치고　② 받혔다　③ 식히다

3 정말 열심히 공부했어요. 지금까지 배운 내용을 생각하며, 2에서 찾은 낱말들의 규칙을 스스로 정리해 봅시다.

우리말에는 '붙이다'와 '부치다'처럼 (소리)가 같거나 비슷하지만 (글자)와 뜻이 다른 낱말들이 있어요. 이런 낱말들은 소리로만은 구별하기 어려워요.
그래서 같이 쓰이는 다른 낱말들을 보고 뜻을 알 수 있어요.
'(붙이다)'는 '풀'이나 '테이프'와 함께 쓰이고 '(부치다)'는 '편지'나 '부침개', '전'과 함께 쓰여요.

글자　소리　부치다　붙이다

4 부모님이나 선생님이 불러 주시는 말을 바르게 써 봅시다.

① 매듭을 꽉 매다

② 편지를 부치다

③ 배추를 소금에 절이다

④ 안경을 새로 맞추다

⑤ 고무줄을 잡아 늘이다

145

33

72 왜 그럴까요?

**비슷해서 헷갈려요
(바람/바램)**

1 갖고 싶은 것을 말하는 또바기와 모도리의 말이 서로 달라요.
어떻게 쓰는 것이 맞는지 생각해 봅시다.

크리스마스에 무엇을 받고 싶어?

음, 나의 바램은……

나의 바램은 치킨 100마리! 넌?

바람을 갖고 싶은 거야?

아 그게 아니라……

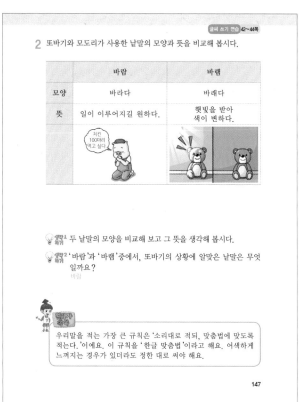

2 또바기와 모도리가 사용한 낱말의 모양과 뜻을 비교해 봅시다.

	바람	바램
모양	바라다	바래다
뜻	일이 이루어지길 원한다.	햇빛을 받아 색이 변한다.

생각1 두 낱말의 모양을 비교해 보고 그 뜻을 생각해 봅시다.

생각2 '바람'과 '바램' 중에서, 또바기의 상황에 알맞은 낱말은 무엇일까요?
바람

우리말을 적는 가장 큰 규칙은 '소리대로 적되, 맞춤법에 맞도록 적는다.'이에요. 이 규칙을 '한글 맞춤법'이라고 해요. 어색하게 느껴지는 경우가 있더라도 정한 대로 써야 해요.

147

한걸음, 두걸음

**비슷해서 헷갈려요
(바람/바램)**

? 헷갈리는 글자의 모양과 뜻을 알아봅시다. 그리고 따라 써 봅시다.

'ㅊ ㅌ ㅍ ㅋ'처럼 세거나 'ㄲ ㄸ ㅃ ㅆ ㅉ'처럼 강하게 소리 나는 자음자 앞에는 사이시옷을 쓰지 않아요.

'윗집, 아랫집'처럼 반대말이 있을 때에는 '윗'으로 쓰고 반대말이 없을때는 '웃'으로 써요

위층   윗집   웃어른

위층   윗집   웃어른

특징   기술을 가진 사람

멋쟁이   대장장이

멋쟁이   대장장이

148

선택   과거

어제 얼마나 배고팠던지.

먹든지 말든지   배고팠던지

먹든지 말든지   배고팠던지

자격   수단

친구로서   칼로써

친구로서   칼로써

149

실력이 쑥쑥 · 비슷해서 헷갈려요 (바람/바램)

1 그림에 알맞은 문장이 되도록, 바르게 쓴 것에 ○표 해 봅시다. 그리고 따라 써 봅시다.

누구(던지 / 든지) 환영해.

누구든지

대장으(로써 / 로서) 명령한다.

대장으로서

겁(장이 / 쟁이)구나.

겁쟁이구나.

(윗 / 위 / 웃)층에서 시끄러운 소리가 들린다.

위층에서

150

---

2 배운 내용을 생각하여 빈칸을 채워 완성하고, 따라 써 봅시다.

➡ 웃 어른께 인사를 해요.

웃어른께 인사를 해요 .

➡ 키가 크기를 바 라 요.

키가 크기를 바라요

➡ 얼마나 추웠 던 지 손이 시려웠다.

얼마나 추웠던지 손이 시려웠다 .

➡ 거짓말 쟁 이는 나빠.

거짓말쟁이는 나빠

151

더 나아가기 · 비슷해서 헷갈려요 (바람/바램)

1 그림에 알맞은 낱말이 되도록, 바르게 쓴 것에 ○표 해 봅시다.

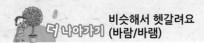

윗입술	윗층	윗옷
위입술	위층	위옷
웃입술	웃층	웃옷

☞ 외투처럼 맨 겉에 입는 옷은 '웃옷'이라고 써요.

2 1에서 찾아낸 낱말을 소리 내어 읽고, 빈칸에 써 봅시다.

| ① | ② | ③ |
| 윗입술 | 위층 | 윗옷 |

---

3 정말 열심히 공부했어요. 지금까지 배운 내용을 생각하며, 2에서 찾은 낱말들의 규칙을 스스로 정리해 봅시다.

 이렇게 정리해요

우리말을 적는 가장 큰 규칙은 '소리대로 적되, (맞춤법)에 맞도록 적는다.'예요. 이 규칙을 '한글 맞춤법'이라고 해요. 어색하게 느껴지는 경우가 있더라도 정한 대로 써야 해요. '할아버지가 건강하기를 원한다.'라는 뜻을 전달할 때에는 '할아버지께서 건강하시기를 (바라요).'라고 써야 해요.

<보기>   맞춤법   바래요   바라요

4 부모님이나 선생님이 불러 주시는 말을 바르게 써 봅시다.

① 나의 바람대로 눈이 내린다 .

② 윗집에 이사 온 이웃

③ 친구로서 무엇이든 도와줄게 .

④ 사과든지 배든지

⑤ 그릇을 만드는 옹기장이

153

35

15장 헷갈리는 말과 쓰기 마법

73 왜 그럴까요?

비슷해서 헷갈려요 (돼요/되요)

1 일기를 쓰는 또바기가 고민하고 있네요. 어떻게 쓰는 것이 바를지 생각해 봅시다.

안 돼?
안 되?

교실에서 뛰면

글씨 쓰기 연습 45~48쪽

2 또바기가 쓰려는 말을 바르게 쓰는 방법을 알아봅시다.

뛰지 맙시다.

① 안 돼 ② 안 되

생각1 파란색 글자는 '되다'가 변한 것이에요. '되다'를 ❷처럼 '되'와 '다' 둘 중 하나만 써도 될까요? (○ , ×)

생각2 '되'에 '다' 대신에 '어'를 붙인 '되어'를 한 글자로 줄여 봅시다.

$$ㄷㅗ + ㅓ = 돼$$

생각3 '안 돼'와 '안 되' 중에서, 또바기의 상황에 맞는 말은 무엇일까요? 안 돼

우리말을 적는 가장 큰 규칙은 '소리대로 적되, 맞춤법에 맞도록 적는다.'예요. 이 규칙을 '한글 맞춤법'이라고 해요. 어색하게 느껴지는 경우가 있더라도 정한 대로 써야 해요.

155

한 걸음, 두 걸음

비슷해서 헷갈려요 (돼요/되요)

? 헷갈리는 글자의 모양과 뜻을 알아봅시다. 그리고 따라 써 봅시다.

하기 싫어!

안 한다 하지 않다

안 한다 하지 않다

?

어떻게 어떡해

어떻게 어떡해

156

전달 했더라

모도리가 말해 줬는데. 내가 봤는데.

했대 했데

했대 했데

'왜인지'를 줄여서 쓴 말이에요. '웬'은 '어찌 된'이라는 의미를 가지고 있어요.

왠지 웬지

왠지 웬지

157

36

실력이 쑥쑥 — 비슷해서 헷갈려요 (돼요/되요)

1 그림에 알맞은 문장이 되도록, 바르게 쓴 것에 ○표 해 봅시다. 그리고 따라 써 봅시다.

그러면 (안 되 / 안 돼).

안　돼 .

친구가 말해 주었는데,
또바기가 (넘어졌대 / 넘어졌데).

넘 어 졌 대 .

오늘은 (왠지 / 웬지) 기분이 좋아!

왠 지

나 (어떻게 / 어떡해)?

어 떡 해 ?

158

---

2 배운 내용을 생각하여 빈칸을 채워 완성하고, 따라 써 봅시다.

병원에 안 갈래.

병원에 안 갈래 .

➡ 2단 줄넘기는 쉽지 않 다.

2단 줄넘기는 쉽지 않다

➡ 오늘은 웬 일로 일찍
일어났구나!

오늘은 웬일로 일찍 일어났구나 !

➡ 할아버지, 어 떻 게
지내세요?

할아버지, 어떻게 지내세요 ?

159

더 나아가기 — 비슷해서 헷갈려요 (돼요/되요)

1 그림에 알맞은 말이 되도록, 바르게 쓴 것에 ○표 해 봅시다.

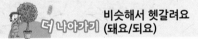

왠일이야?
웬일이야?

안 먹어.
않 먹어.

다쳐서
어떡해!
어떻게!

2 1에서 찾아낸 낱말을 소리 내어 읽고, 빈칸에 써 봅시다.

① 웬일이야?

② 안 먹어

③ 어떡해!

---

3 정말 열심히 공부했어요. 지금까지 배운 내용을 생각하며, 2에서 찾은 낱말들의 규칙을 스스로 정리해 봅시다.

우리말을 적는 가장 큰 규칙은 '소리대로 적되, (맞춤법)에 맞도록 적는다.'예요. 이 규칙을 '한글 맞춤법'이라고 해요. 어색하게 느껴지는 경우가 있더라도 정한 대로 써야 해요. '하지 말아야 한다.'라는 뜻으로 다른 사람에게 말할 때에는 '해서는 (안 돼).'라고 써야 해요.

보기
맞춤법　　　안 되　　　안 돼

4 부모님이나 선생님이 불러 주시는 말을 바르게 써 봅시다.

① 낯선 사람을 따라가면 안 돼 .

② 깜깜해도 겁나지 않아 .

③ 이 퍼즐은 어떻게 맞추지 ?

④ 왠지 수박이 먹고 싶다 .

⑤ 선생님께서 너 잘 했대 .

161

메모

메모

메모